AF366465

DIALOGUE HISTORIQUE

ENTRE

UN FRANÇAIS ET LA VÉRITÉ,

CONTENANT TREIZE SCÈNES

FORMANT

les treize pouvoirs depuis 1789;

PAR JOSEPH SANS-CADET,

NÉGOCIANT,

au Bourg-Madame (Pyrénées-Orientales).

Nihil mihi, nihil tibi, veritas.

POMPILIUS.

MONTPELLIER,

Imprimerie de F. GELLY, rue Arc-d'Arènes, 1.

1840.

LE SIEUR SANS-CADET

AUX

HABITANTS DE L'EUROPE !

C'est la première fois que j'ai l'honneur de vous adresser la parole, non pour me faire considérer comme écrivain, ce titre n'étant réservé qu'aux grands hommes : si j'affronte la censure qui m'est réservée, ce n'est que pour vous dire que l'homme de bien doit avoir une opinion franche, loyale, persévérante et désintéressée, et que jamais il ne doit pactiser avec les faveurs qu'on pourrait lui offrir pour le faire dévier de la ligne d'honneur.

Vous avez vu en France, depuis 89, divers gouvernements, qui ont laissé de si pénibles souvenirs : oui, les hommes qui étaient et sont encore au pouvoir, dans les diverses transformations de ces gouvernements, adoptèrent et adoptent aujourd'hui les pensées de l'un pour les changer demain contre celles de l'autre ; ils n'ont de couleur, que celle des objets dont ils s'approchent.... sans cesse ils démentent leurs opinions d'une année par celles de l'année suivante : toujours prêts à penser comme pensent les gens du pouvoir; ils se parjurent à volonté, le tout pour se maintenir dans les emplois (1) : voilà l'homme. Aussi nous voyons les mêmes abus se perpétuer dans l'administration, parce que les fonctionnaires en général, ou certains d'entr'eux, animés du même esprit, ne cherchent point à attaquer l'administration de leurs collègues de crainte qu'on ne revise la leur : c'est ainsi que le peuple se laisse bercer en espérances. Quand est-ce que cela finira ?....

Sachez, habitants de l'Europe, mettre en évidence ces hommes vils et méprisables, qu'on retrouve chez tous les gouvernements; couvrez-les de cette indignation que leur conduite milite, parce qu'en effet ils ne pensent jamais par eux-mêmes, et n'ont pas plus de conscience que de pudeur. L'expérience du passé prouve les vérités que je décris.

Je vais vous dire que les événements politiques qui se sont succédés depuis 89 ont amené des révolutions inattendues et des changements divers: aussi, remuée jusque dans ses fondements, l'Europe a pris les armes,

---

(1) Considérez la conduite des fonctionnaires qui se sont trouvés au pouvoir depuis 89.

et tour à tour ou simultanément, les peuples qui l'habitent sont venus figurer sur le grand théâtre historique; apprenez que les peuples sont trop enclins aux changements, et que par suite ils sont toujours la victime des ambitieux et des courtisans.

En effet, la révolution française pendant 50 ans a été le prétexte ou l'origine des dissentions civiles qui ont causé tant de malheurs, et l'expérience n'a pas eu assez de force pour repousser les insinuations métaphores de ces hommes qui en font une étude, pour transformer la vérité en mensonge, la présentant avec avantage, cachant d'un voile la supercherie dont ils se servent pour mieux séduire les âmes crédules : eh bien! habitants de l'Europe, que faut-il de plus expressif pour vous convaincre? Voulez-vous des faits? ouvrez l'histoire et lisez. Vous y trouverez un tissu de crimes, d'horreurs, de vexations... que je n'ai voulu décrire pour ne pas vous plonger dans l'angoisse des remords ; car vous avez tous participé à ces actes incriminés, les uns en les commettant, les autres en les tolérant. Dans cette perspective, que vous reste-t-il? Des réflexions à faire sur la gravité de votre situation, et lire dans le livre des destinées l'avenir qui vous y ait préparé.

Pour mieux vous instruire, je vais vous soumettre un dialogue entre un français et la vérité, et en sollicitant votre indulgence, vous y verrez comme moi, que le système qui régit l'Europe est susceptible de réforme par votre volonté souveraine. « Il est vrai,

» St.-Paul nous a dit, obéissez aux princes, seraient-
» ils plus tyrans que les Nérons. » Mais il n'a pas entendu nous priver du droit de réclamer contre les abus
dominants. Entrons dans le sujet.

DIALOGUE

ENTRE

UN FRANÇAIS ET LA VÉRITÉ ;

LE PREMIER SOUTIENDRA LE SYSTÈME DE LA RÉVOLUTION
FRANÇAISE ET LE SECOND FERA SES RÉFLEXIONS SUR
LES ÉVÉNEMENTS QUI S'EN SONT SUIVIS.

PREMIÈRE SCÈNE.

FIN DU RÈGNE DE LOUIS XVI.

Le Français.

La France nécessitait une réforme dans la noblesse et le clergé qui empiétaient sur les droits de la couronne et pressuraient le peuple ; ces deux motifs furent l'étincelle de la révolution qui couvait sous la cendre depuis longues années. Si nous avons été affranchis des droits qui pesaient sur nous, nous le devons à la liberté naissante qui fut proclamée aux Champs Elysées, et pourquoi chercherait-on à faire un crime d'avoir réclamé cette réforme salutaire ?

La Vérité.

Louis XVI, monarque vertueux, ne cessa de régner que par trop de bonté ; lui qui, nouveau Titus sur le trône, n'eut en vue que le bonheur de la France. Désespérant de ramener l'ordre par les voies ordinaires, sur l'avis de son ministre de Calonne, il convoqua une assemblée des notables du royaume ; cette assemblée se réunit le 22 février 1787 ; elle n'eut point le résultat que la cour en attendait ; le roi, pour assurer la tranquillité publique et aviser au moyen de diminuer les charges de l'état, convoqua les états-généraux, dont la première séance fut tenue à Versailles le 8 mai 1789. Le monarque, dans son discours préparé par M. de Necker, qui avait succédé à M. de Calonne, avait donné de nouvelles preuves de son amour pour la nation ; mais de ridicules querelles de préséance entre les trois ordres composant les états-généraux, ne firent qu'augmenter le mal, et précipitèrent vers sa ruine la première et la plus ancienne monarchie de l'Europe.

Vous voyez donc, M. le Français, que le roi connaissait déjà que l'administration de son gouvernement exigeait une réforme, et que pour y parvenir il en avait appelé au peuple. Trompé dans ses espérances, trahi par son conseil, séduit par des conspirateurs qui tramaient sa déchéance, il vit avec peine que le tiers-état égalant en nombre les deux autres, dans sa fameuse séance du Jeu-de-Paume, tenue le 15 juin, se constitua en assemblée nationale. Voilà, M. le Français, la réforme que vous sollicitez : de là prirent existence la ruine de la France et les guerres intestines auxquelles l'Europe a dû se livrer contre le premier moteur des révolutions pour en arrêter les progrès.

De quoi, M. le Français, avez-vous à vous féliciter ? Je réponds pour vous, d'avoir ouvert l'abîme sous vos pieds ; sachez que les révolutions entraînent avec elles toutes les calamités : tel qui les commence ne les voit pas terminées.... lisez l'histoire et vous verrez que les personnages qui haranguaient le public, au nom de la liberté, ont été victimes par lui : cessez donc de vous honorer d'avoir épousé le système révolutionnaire.

Le Français.

Sous certains rapports vous pouvez avoir raison ; mais pour sortir de l'esclavage où le peuple était plongé, il fallut une révolution pour renverser l'absolutisme et pour proclamer la souveraineté du peuple à travers toutes les vicissitudes ; aussi les droits de citoyen furent publiés le 11 juillet 1789 aux cris de *vive la nation, vive la liberté.* Le 13 suivant le peuple força l'Hôtel-des-Invalides et s'empara des armes qui s'y trouvaient déposées ; la journée du 14 vit la prise de la Bastille, la première et la plus redoutée des prisons d'état du royaume. Vous avouerez, Madame la Vérité, que la souveraineté du peuple est plus forte qu'une armée, et que le nom de *liberté* est un général des plus magnanimes auquel on ne peut résister. Vous vous rappellerez qu'à cette époque le roi avait appelé 30 mille hommes de troupe de ligne autour de l'assemblée et de la capitale, que cette armée ne servit qu'à protéger les opérations que vous dites révolutionnaires : ainsi donc, quand le peuple parle, le prince doit mettre de la paille dans ses bottes.

La Vérité.

Que je suis étonnée de vous voir applaudir à tant de malheurs dont vous avez été témoin : il est vrai, le mot *liberté* est fait pour électriser le cœur de celui qui n'en connaît point les conséquences. Les faits que vous me citez sont trop connus de l'Europe : aussi, les princes ne virent point sans inquiétudes un grand peuple détruire ses anciennes institutions, proclamer le mépris des trônes et donner aux nations le funeste exemple de la révolte et de l'anarchie : ils ne pouvaient envisager sans terreur le fanatisme révolutionnaire s'avancer vers leurs états et menacer d'y produire les mêmes excès et d'y porter les idées de la liberté au nom desquelles l'antique monarchie de France s'écroulait avec tant de fracas. Il est vrai, ces princes cherchant à conserver les prérogatives de leur trône et garantir leurs états de la secousse qui les menaçaient, se coalisèrent pour en arrêter l'élan ; mais ils ne furent pas assez forts pour résister aux institutions révolutionnaires : à Dieu seul appartient le secret de ce mystère........

Le Français.

Je ne puis vous dissimuler ma participation aux décrets des 4 , 6 , 7, 8 , 11 août et 3 novembre 1789, lettres-patentes qui proclamèrent les droits de l'homme, l'abolition du régime féodal, des justices seigneuriales, des dîmes, de la vénalité des offices.... Puisque j'ai joui des effets qui s'en sont suivis, effets que tous les gouvernements passagers ont maintenus et respectés, aucune considération ne peut me porter a incriminer les auteurs de cette salutaire réforme, et je leur voue-rai une éternelle reconnaissance.

La Vérité.

Vous énumérez seulement les avantages que vous avez obtenu des scènes révolutionnaires, et par-là vous cherchez à faire oublier les horreurs qu'elles ont emmenées : mettons dans une balance le bien et le mal qu'elles ont produit, si vous êtes franc et loyal français, comme je le crois, vous avouerez que le mal est au centuple; alors le bien général aurait dû l'emporter sur l'intérêt particulier, je dis l'intérêt général, parce que l'Europe, qui était en paix et en prospérité, aurait été à l'abri des calamités de la guerre que la France suscita par son anarchie.

Le Français.

Il paraît que vous tenez à combattre le système de la souveraineté du peuple ; vous savez que toute réforme entraîne des troubles, des émeutes en tout genre, et si à l'aspect de ce qu'elle présente nous devions nous arrêter, désormais nous devrions courber la tête sous le plus rude esclavage.

La Vérité.

Je suis loin d'approuver vos ridicules déceptions ; pour vous répondre avec ordre et justice, je vous demanderais ce que vous étiez en 89, ce que vous possédiez et ce que vous êtes aujourd'hui.

Le Français.

Je m'honore d'être le fils d'un tisseran, qui, de sa journée, payait ses dettes, nourissait sa famille et se faisait une rente pour sa vieillesse : voilà ma noblesse et mon titre que la révolution n'a pu atteindre ; il est vrai, à la mort de mon auteur je n'eus, pour tout héritage, que les métiers qu'il délaissa, à partager entre quatre enfants par égales portions ; depuis j'ai acquis quelques biens de l'église et des émigrés.

Entouré de la considération patriotique, je parvins à devenir le *géolier des infortunés poursuivis comme aristocrates ;* cette surveillance, qui me mérita l'estime des uns et le mépris des autres, augmenta ma fortune et rien ne m'arrêta dans mon devoir, parce que l'argent donne de l'esprit et couvre tous les défauts : voilà mon existence.

La Vérité.

Je suis vraiment étonnée de la naïveté que vous
avez mise dans votre réponse ; si j'étais au pouvoir,
je vous porterais sur la liste des plaques à décerner
à ceux qui, comme vous, ont servi la patrie en pareille occurence ; votre âme, qui me paraît vénale,
ne vous a-t-elle pas fait faire quelque réflexion sur
le sort des malheureux que vous gardiez ? Non, je
ne le pense pas , parce que vous aspiriez à d'autres
emplois auxquels vous aviez droit par votre civisme ; la vente des biens nationaux était considérée par
vous comme une émanation de la providence de
ce qu'elle la tolérait , sans doute pour éprouver les
justes et connaître les méchants. Est-ce vrai , que
vous étiez loin de plaindre ceux à qui l'on enlevait la
fortune sur le seul préjugé d'aristocratie? Je réponds
pour vous , que votre place de géolier ne devait vous
inspirer que rigidité , du moins les tribunaux révolutionnaires vous le commandaient.

Le Français.

En acquérant des biens nationaux , je ne crois
point avoir démérité de la considération publique ,
parce que ces biens avaient été mis à la disposition
de la nation ; en cela, j'ai suivi le grand système ,
et, sous aucun rapport, ma conscience ne saurait
s'arrêter sur les considérations que vous mettez en
avant pour déprécier l'administration d'alors.

DEUXIÈME SCÈNE.

PERMANENCE DE L'ASSEMBLÉE NATIONALE.

Le Français.

C'est à tort, Madame la Vérité, que vous nous signalés comme des Jacobins ; si nous nous sommes présentés sous cette dénomination, c'est la crainte de perdre nos institutions et de retomber dans l'arène de l'esclavage, dont Louis XVI nous menaçait, après avoir octroyé une constitution, que la France avait jurée : quand le souverain se départ de son serment, le peuple devient libre de ses actions.

Dans cette catégorie, le 29 mai 1792, l'assemblée nationale, sur la proposition de Carnot qui, basée sur les complots royalistes, dont Louis XVI était le premier conspirateur, se constitua en séance permanente ; en conséquence de cette disposition, le 11 juillet suivant, la patrie fut déclarée en danger, dans le but d'entretenir le grand système populaire et d'intimider les ennemis de la liberté sous le nom de *salut public.*

La Vérité.

De quel tableau vous servez-vous pour faire oublier les scènes scandaleuses de votre parti? Vous
me parlez, comme si vous ignoriez que j'ai suivi
pas à pas la révolution française ; cette révolution
fut méditée par les ennemis du trône. Si nous devions
en croire un estimable député (Ribes de Vinca) qui,
dans la séance du 4 juin 1792, accusa positivement
Talleyrand Périgord d'être un des principaux insti-
gateurs des factieux, qui agissait dans l'intérêt d'un
haut personnage, nous pourrions dire que Louis XVI
ne pouvait résister au piège qu'on lui avait tendu.
Talleyrand Périgord, qui faisait de fréquents voyages
à Londres, pour servir le même personnage qui le
tenait à sa solde, n'a nullement contredit ces in-
jurieuses allégations, et personne ne leva la voix
en sa faveur, ce diplomate reconnu en Europe pour
le faiseur de traités, a servi tous les partis ; voilà
de quoi est susceptible un ministre de Dieu qui se
rend coupable d'apostasie, et quoiqu'il est été toujours le conseil du pouvoir, il n'en a pas été moins
déconsidéré.

Vous osez avancer, Monsieur le Français, que
Louis XVI cherchait à rendre illusoire la constitution qu'il avait donnée à la France, lorsque vous
savez qu'il était occupé à la faire respecter : avouez
que vous vouliez une victime. Oui, la faiblesse, le

peu de prévoyance et la répugnance de faire verser le sang vous la donnèrent, que vous faut-il de plus? Je réponds pour vous, la punition qui réside dans les mains de la providence.

Le Français.

Vous parlez, Madame la Vérité, comme si j'étais l'auteur de la déchéance de Louis XVI ; il est vrai, je ne la vis pas avec peine, parce qu'elle donna plus de consistance et de sécurité à nos institutions libérales ; en cela je ne fus qu'un simple spectateur, sans y prendre part active. Ainsi cessez de me calomnier et ne me comptez plus au nombre des persécuteurs de Louis XVI.

La Vérité.

Lorsqu'on veut s'affranchir de la critique publique, il faut être plus réservé et moins passionné pour le mal. A Dieu ne déplaise, l'homme qui sert la patrie par devoir seulement, sans servir les factions qui tendent au renversement de l'ordre et de la tranquillité, a toujours des droits à la considération et à l'estime de ses concitoyens. Vous avez sans doute suivi dans la journée du 20 juin 1792 les ouvriers des faubourgs St.-Antoine et St.-Germain excités par des émissaires de la Commune et par des confidents d'un duc de Laclos, Sillery, Genlis, etc., lorsqu'ils se dirigèrent vers le quartier St.-Honoré, ayant à leur tête le *brasseur Santerre*, qu'on introduisit dans la salle de l'assemblée, où leur orateur, nommé Huguenin vomit d'affreuses imprécations contre le Roi. Il fut écouté en silence ; puis, ils passèrent au château des Tuileries, ainsi qu'aux terrasses du Jardin-Royal, où ils commirent toute sortes de délits ; ils menacèrent l'existence du Roi et de sa famille , la providence seule les sauva dans ce moment. Eh bien! Monsieur le Français, êtes-vous exempt de reproches ? Et pourquoi vous fâchez-vous de ce que je fais l'esquisse des attentats dirigés contre la royauté : passez en silence mes révélations.

TROISIÈME SCÉNE.

ARRESTATION DE LOUIS XVI.

Le Français.

Oui, le 10 août 1792, fut un jour fatal pour la monarchie de France , et fera époque dans l'histoire ; oui, ce jour-là , la souveraineté du peuple fit haute face à toutes les conspirations qui avaient des ramifications dans tous les départements, pour tenter une contre-révolution. La liberté et l'égalité furent proclamées ; que dites-vous, Madame la Vérité de tous ces trophées ? Vous qui toujours parlez identifiquement des vertus du prince que vous regrettez, vous ne direz pas sans doute que j'ai contribué à son arrestation , car je me tenais à l'écart.

La Vérité.

On peut vous assimiler aux députés constitutionnels, qui, par leur extrême lâcheté, enhardirent les députés démagogues ; ceux-ci délibèrent avec calme sur la proposition des hommes hideux, couverts de haillons, teints de sang , noircis de fumée, qu'on avait laissé introduire à la barre , déclarant en présence de Louis XVI , sa déchéance ; déchéance qui ne fut appuyée d'aucun fait réel. Vous , Monsieur le Français , enthousiaste de la journée du 20 juin, qui était l'avant-coureur des massacres du 10 août , gardant le silence , comme les députés , qui se disaient constitutionnels et royalistes, tels que les Lacépède , les Pastouret, les Vienot–Vaublanc, les Lacnée, les Lessac , les Lesmouty, les Beugnot, les Bigots, les Préammenu, les Quatremère, vous n'avez ni blâmé ni désapprouvé les assassins.

Vous ne me parlez point des atrocités que vous avez vu commettre le 10 août, jour fatal qui emmena les massacres des premiers jours de septembre. En effet, on termina la bataille commencée le 20 juin contre la monarchie ; *vous* et les *Plébéiens* formant, la lâche majorité de l'assemblée nationale, fûtes couverts d'indignation et de mépris. Peu d'entre vous restent à payer le tribut de la mort de Louis XVI ; cependant, si le monarque eût tiré l'épée, il aurait vaincu les conjurateurs ou serait mort en roi sur la brèche de son palais ; il n'y a parmi ces monarques grands ou petits, de dépossédés de nos jours qu'un seul souverain qui se soit inspiré cette résolution, et qui n'ait voulu quitter le trône qu'avec la vie ; il n'a pas régné en Europe, c'est *Tipoo Saob, mort héroïque-ment le 4 mai* 1799 (*voyez* les pages historiques *ultrà-*Europe.)

Contentez-vous, Monsieur le Français, de jouir des biens que vous avez acquis de la révolution, et pensez à vous repentir d'avoir été le tranquille spectateur de tant de crimes auxquels vous avez toujours applaudi, inspirez à votre famille des sentiments plus orthodoxes si vous désirez qu'elle mérite la considération de l'homme de bien.

Le Français.

Si je n'étais philosophe, vous me feriez frémir et peut-être même vous m'inspireriez d'abandonner le fruit de la révolution ; non, la grandeur d'âme repousse vos insinuations ; je suis ce que j'étais en 89, et aucune considération ne me fera dévier de mes principes, avec lesquels je veux vivre et mourir.

La Vérité.

J'étais en suspens sur l'identité de vos principes, que je croyais être dirigés seulement par les circonstances; mais votre dernier paragraphe achève de me convaincre que si vous ne vous êtes point présenté, ou fait partie des émeutes, c'est plutôt manque de courage que de volonté.

QUATRIÈME SCÈNE.

MISE EN JUGEMENT DE LOUIS XVI ET SA FAMILLE.

Le Français.

Si Louis XVI et sa famille sont devenus les prisonniers de la Convention nationale, et mis en jugement, ils doivent s'en attribuer à eux seuls la faute, d'après les projets les plus atroces que la cour avait tramée contre le peuple, en dressant de nombreuses listes de proscriptions, et que par suite la France ne devait offrir qu'un vaste théâtre de meurtres juridiques.

Le peuple instruit de tout ce qu'on méditait contre lui, à la faveur d'une constitution, que la cour déchirait à volonté, devait nécessairement se porter défenseur de la liberté, et lutter contre le despotisme qui méditait sous le voile hypocrite, le moment de reparaître. Eh bien ! Madame la Vérité, que trouverez-vous de criminel dans la défense du peuple?

La Vérité.

Ce n'est pas sans surprise que j'ai vu tronquer et dénaturer les faits et les circonstances de la journée du 10 août, afin de justifier les mesures de l'assemblée, de rassurer les esprits et de prévenir les commotions que pouvaient emmener les intérêts des partis, à la nouvelle d'un si grand événement susceptible d'interprétations si diverses ; c'est en vain, Monsieur le Français, que vous cherchez à me prémunir contre les disgrâces d'une cour qui a excité la commisération de l'Europe. Si vous tenez aux institutions démoralisées, je tiens à les combattre dans le seul intérêt du pays.

Le Français.

Pourquoi, Madame la Vérité, cherchez-vous à tourner en dérision les scènes problématiques d'une défense commandée par les circonstances? Ne savez-vous pas que le peuple d'une grande nation n'hésita point à se pénétrer de la réalité de la conjuration contre ses droits et son honneur, parce qu'il se vit dans la nécessité d'en prévenir les effets : les décrets

rendus par l'assemblée furent universellement recon-
nus. Toutes les administrations s'empressèrent de la
féliciter et d'envoyer leur adhésion ; il ne se leva pas
une voix pour la constitution et le roi. Ainsi, lorsque la majorité se prononce , on doit convenir de la
justice qui préside dans le pouvoir.

La Vérité.

Vous voulez faire illusion aux faits historiques
de la révolution française , mais la vérité qui y
préside relève les erreurs que, sciemment, vous voulez
y faire introduire comme des actes héroïques. Dé-
trompez-vous, l'histoire qui se livre à la recherche
de tous les faits qui se présentent à la mémoire
des hommes , comme souffrances de leur patrie et
bouleversement du globe, juge sans ménagement les
factieux , les méchants , les oppresseurs , les fourbes,
les despotes de quel lieu d'où ils sortent, quelle que
soit leur qualité ; chaque citoyen trouve dans les pages
historiques le poids et la mesure de ses actions ,
bonnes ou mauvaises, et, sous ce rapport, Monsieur
le Français , laissez toute abstraction à la vérité.

Le Français.

Vive la liberté et l'égalité. dont le nom seul mit
un terme aux conspirations de la cour. La Convention
nationale , par son décret du 13 août 1792, nomma
un comité de six ministres pour procéder à l'instruc-

tion du procès contre Louis XVI et sa famille. Par cet acte, nous fûmes affranchis de toute surveillance, et nos légions se préparèrent pour combattre les tyrans.

La Vérité.

Qu'avez-vous gagné, Monsieur le Français, pour vous réjouir ainsi? Qu'attendez-vous de la mort de Louis XVI et de son infortunée famille, qui déjà le 13 août 1792, les Santerre, commandant la garde nationale de Paris, le conducteur des Marseillais et le commandant des Girardins l'annoncèrent avec emphase dans les rues de la Capitale, comme s'ils étaient les maîtres de la France? Je réponds pour vous des pleurs, des gémissements et des peines de tout genre, pour ne pas dire le reste. Eh bien! vous avez vu les nations étrangères, qui, désapprouvant notre conduite, passèrent les frontières, et portèrent jusque dans nos chaumières les calamités de la guerre. A cette époque, la France entière mettait en doute le succès d'une population effrénée; il faut cependant convenir qu'on trouva parmi elle des héros qui disputèrent la gloire et la victoire aux généraux les plus expérimentés. En est-il résulté un grand bien pour la France? Suspendons notre jugement, M. le Français, et espérons tout de la Providence.

CINQUIÈME SCÈNE.

FONDATION DE LA RÉPUBLIQUE.

Le Français.

Le 21 septembre 1792 fera époque dans les annales : ce jour-là, la république fut proclamée par la Convention nationale. L'ouverture de sa première séance fut solennelle par le discours que prononça le citoyen Monge, ci-devant comte de Palure : Lebrun et Clavières furent les premiers à l'applaudir ; leur exemple excita les tribunes à crier *Vive la république, vive la liberté, vive l'égalité.* O jour mémorable ! combien des héros à l'instant même se rangèrent sous les bannières de la république pour aller attaquer les hordes étrangères que Louis XVI avait appelées à son secours, et dont la présence sur le territoire français ne fit qu'activer l'écroulement de son trône. Vous conviendrez donc, Madame la Vérité, de la gravité de la première séance de la république, et qu'en cette occurrence, il convenait de laisser couler le torrent, de crainte d'être submergés.

La Vérité.

Oui, la France devenir une république, quel contre sens ! Il est vrai que la fondation d'une république a toujours été considérée une époque de haute vertu.

Les Français furent-ils plus grands et plus sages pour mériter d'être libres : c'est ce qui reste en problème. Nous ne pouvions pas nous mettre à côté des Grecs au temps de Miltiade, des Romains au temps du premier Brutus, des Suisses au temps de Guillaume-Tell, des Hollandais au temps de Desnassau, car ces hommes, qui en inspiraient par leur sagesse et désintéressement, ne virent-ils pas comme vous écrouler le sanctuaire élevé aux cris de *vive la liberté*. Vous savez que les institutions républicaines tiennent essentiellement à l'esprit public, au caractère général ; si cet esprit et ce caractère sont vicieux, le nouveau mode de culture ne donnera que du mauvais fruit, et s'il arrive que des méchants veulent faire de tous les excès d'une révolution les principes d'un état républicain, on peut dire que la chute est infaillible et prochaine.

Oui, Monsieur le Français, une poignée de factieux armés de sabres, de piques, de fusils de chasse, soutenus par l'administration proclamèrent la république ; les Français qui, partisans de la nouveauté, abondèrent à ce système destructeur, n'étaient ni assez sages, ni assez vertueux, ni assez désintéressés, pour espérer que leur ouvrage prît racine à l'instar de la république de Rome, qui, après 400 ans, s'éclipsa du souvenir de ceux qui l'avaient vue dans son splendeur.

Pourquoi, Monsieur le Français, chercher à faire oublier les dissentions dont nous avons été la victime dans la courte durée de la république ? Laissons les trophées des sans-culottes qui la firent fonder par la

Convention nationale ; souffrons avec humilité le souvenir de tant d'horreurs, horreurs qui se renouvelèrent de plus fort sous le règne de Robespierre, Danton, Collot-d'Herbois; de Barrère, Couthon, Barras, Carrier, Fouché de Nantes, Merlin de Douai, Carnot, Cambacérès, Mailhe, Vadier, Brissot, Péthion, Guadet, etc. : voilà les noms qui, pendant trois années, retentirent des Alpes aux Pyrénées, du Rhin à l'Océan ! Où sont-ils, Monsieur le Français, vos amis, vos collègues, si je puis m'exprimer ainsi? La faulx qu'ils avaient préparée pour détruire le genre humain les a moissonnés, c'est ainsi que finissent les tyrans, les ambitieux, et ceux qui conspirent pour supplanter les autres. Je ne pense pas, Monsieur le Français, que vous cherchiez à vous départir de ce grand principe que j'ai puisé dans l'histoire.

SIXIÈME SCÈNE.

CONDAMNATION DE LOUIS XVI.

Le Français.

Ainsi que vous l'avez vu, les Français se rendirent sur les frontières pour livrer combat aux armées que Louis XVI avait appelées pour sa délivrance et le rétablir sur le trône absolu. Aux cris de la liberté, nos héros se jetèrent sur nos ennemis et remportèrent de mémorables victoires : les espérances de Louis XVI furent déçues. Oui, ce roi qui avait démérité de la considération publique par ses conspirations, ou celles qu'il tolérait, fut solennellement jugé par la Convention nationale le 20 janvier 1793, et condamné à mort par 387 membres sur 749. Parmi la majorité, on comptait les citoyens les plus judicieux et les plus dévoués à la patrie; entr'autres Cambacérès, Marat, Robespierre, Mailhe, Montigut d'Ille, Cambon, Merlin de Douai, Philippe Egalité, Robert, Panis, Sergent, Barrère, Carnot, Fouché de Nantes, etc. Cette condamnation dissipa le plan des conspirateurs, et les Français ne faisant qu'un même corps (c'est-à-dire la généralité), repoussèrent les armées étrangères.

La Vérité.

Tantôt, Monsieur le Français, vous cherchez à me faire entrevoir que vous n'avez été que témoin des excès de la révolution, et tantôt vous épanchez votre âme dans la joie que ces actes révolutionnaires ont produit dans l'esprit des républicains : soyez plus réservé et moins passionné si vous désirez qu'on vous oublie. Oui, votre cœur parle comme vous avez pensé; vous vous glorifiez de la mort d'un innocent, comme ayant produit, dites-vous, les meilleurs effets contre les puissances coalisées.

Vous voulez ignorer que la Convention nationale étant sous l'empire de la constitution de 1791, devait au roi son appui pour le faire respecter ; que d'après cette constitution, les membres de l'assemblée, dite législative, n'avaient reçu ni de la loi, ni de la France, le mandat de juger le roi.

Ouvrons maintenant le chapitre de la royauté que nous trouvons dans la constitution de 1791, et nous y verrons que la personne du roi était inviolable : il n'y avait ni exception ni modification ; cependant il était des circonstances dans lesquelles il pouvait perdre le caractère d'inviolabilité, si le roi n'eût pas prêté le serment, ou si, après l'avoir prêté, il l'avait rétracté, alors il eût abdiqué la royauté : telles sont les expressions de l'article 5, où le mot déchéance n'était pas même prononcé, ce n'était qu'une présomption d'abdication de la royauté. Le roi n'avait nullement contrevenu aux articles 5 et 6 de la constitution, et la Convention nationale ayant déclaré sa déchéance, après cette déclaration, il ne pouvait être atteint, ni repris que comme citoyen, et pour des faits postérieurs à sa déchéance hardiment prononcée par ses accusateurs. (Lisez le procès instruit contre cet innocent, et vous verrez, Monsieur le Français, que ces propres dénonciateurs le jugèrent à mort). Si votre cœur n'était entièrement endurci, vous frémiriez en même temps d'horreur à l'aspect de tant de pièces qu'on disait à conviction, dont la plupart controuvées, hasardées, objet sans cause, et toutes antérieures au 14 septembre, époque où le roi avait prêté serment à la constitution de 1791. Néanmoins la Convention nationale s'en servit pour donner quelque lueur de justice à ses délibérations : l'histoire l'a jugée, et on peut dire sans crainte qu'elle voulait faire couler le sang de l'infortuné Louis XVI.

Le Français.

Le 24 juin 1793 nous passâmes sous l'empire d'une autre constitution, qui, dans moins de quinze jours, fut préparée, discutée, décrétée et envoyée à l'acceptation des assemblées primaires : le projet en fut présenté par Condorcet, le 10 juin 1793. Treize jours suffirent à nos expéditifs législateurs pour l'embrasser dans ses parties, pour l'apprécier, le rectifier, l'adopter. Vous ne direz pas sans doute, Madame la Vérité, que cette constitution ne représentât des garanties pour faire cesser les persécutions et les crimes de toute nature, et qu'elle ne fut l'ouvrage du peuple, puisqu'il envoya son acceptation par des députés et dont la fête et publication eurent lieu le 10 août suivant sur la place de la *Bastille*. Vous n'incriminerez point les actes du corps législatif, qui avait droit de proposition et de discution ; par la même raison, ne vous permettez plus de me signaler, ni comme auteur, ni comme complice des scènes patriotiques que je ne retrace que pour instruire le peuple.

La Vérité.

A vous entendre, Monsieur le Français, on dirait que vous êtes le plus judicieux et le plus sage de nos jours ; si je ne connaissais l'esprit qui vous a toujours dominé, je devrais rétracter au moins les présomptions de complicité que je vous ai attribuées dans les actes de la révolution.

Vous venez de me dire que la Convention nationale, par sa constitution, donnait des fortes garanties pour faire cesser, de disposer arbitrairement de la vie des citoyens. Avez-vous compris cette phrase? non, elle est trop ambiguë. Vous vous arrêtez trop tôt aux mots, sans vous donner la peine de faire des réflexions sur l'avenir ; vous encensez de suite l'ouvrage des révolutionnaires, parce qu'on y parle en souverain et en despote, c'est ce que vous ne devriez point faire dans votre intérêt ; si vous eussiez souffert comme tant d'autres, vous seriez plus réfléchi. Et bien donc, Monsieur le Français, qu'a t-il fait le corps législatif depuis son entrée au pouvoir? Il a commis et laissé commettre des actes de cruauté de toute espèce, il a institué des tribunaux révolutionnaires qui ont disposé de la vie de nos concitoyens, il a mis en accusation la famille de Louis XVI, il a vu sans émotion nombre de membres de la Convention nationale et des milliers d'infortunés monter sur l'échafaud sans s'y opposer, laissant exécuter les jugements rendus au nom de la république.

Que direz-vous, Monsieur le Français, de l'administration de ces législateurs populaires, qui disaient aux sociétés jacobines : « Il faut chaque jour un bain » de sang à la liberté ; on n'en saurait trop verser » pour la république. » Marat parlait d'abattre deux cent mille têtes pour assurer le triomphe de la république : ces successeurs, déterminés à décimer la population, ne s'arrêtèrent point à ce degré.

La journée du 9 thermidor an 2 arriva, et nous délivra fort heureusement de la tyrannie de Robespierre, de Couthon, de St.-Just, d'Henriot, de Dumas, de Fleuriot, de Payan, de Devilliers et de douze autres scélérats subalternes ; leur exécution fut aussi prompte que l'acte d'accusation : cette journée suspendit l'atrocité des tribunaux révolutionnaires, malgré qu'ils professaient le même système de Robespierre ; mais les améliorations réclamées pour le supplice leur fit pressentir les dangers qu'ils pouvaient encourir.

Il est minuit, allons nous coucher, M. le Français ; à demain la continuation de notre entretien, et soyez moins exalté.

Le Français.

Nous marchons insensiblement vers l'amélioration des maux qui ont agité la France et que vous relevez avec tant de précision, sans doute, dans l'espoir de faire revivre un système d'ordre et de justice ; système que les bons Français désireraient sans absolutisme.

En effet, les membres de la Convention se formèrent le 26 octobre 1795 en corps électoral, pour
compléter les deux tiers d'entr'eux qui devaient siéger
au conseil; la législation du corps législatif présida
aux destinées de la France; les conventionnels
nommèrent et formèrent les deux conseils, celui
des anciens et celui des cinq-cents. Ces membres,
quoique par le fait suivant les mêmes principes,
modifièrent les calamités.

Les conseils législatifs nommèrent les cinq membres du Conseil exécutif qui devait former le Directoire. Ce corps fut formé par Carnot, La Révellière-
Lépeaux, Le Tourneur, Rewbell et Barras, qui
commencèrent à rabattre de leurs barbaries. Le rai-
sonnement que je viens de tenir, Madame la Vérité,
vous dispensera, je le pense, de vous livrer à de
nouvelles invectives contre ceux qui déjà marchent
vers le bon ordre.

La Vérité.

Il serait temps, Monsieur le Français, qu'on voulut
surseoir à tant de maux qui ont affligé l'Europe.
Oui, les exécutions diminuèrent après le 9 thermidor;
mais les mêmes hommes, compagnons de Robespierre,
restèrent au pouvoir. Que pouvait-on attendre de
bon de ces hommes méchants exercés à la tyrannie,
imbus des fausses doctrines, forcés à commettre le
mal par habitude, par cupidité, et de plus par la

crainte d'éprouver les représailles de leurs innom-
brables victimes? rien.

Quelle fable insensée, qu'un gouvernement libre
et régulier, institué, dirigé par une association
d'hommes sans religion, athées par principe, sans
conscience et sans pudeur! Suivez-les dans leurs actes,
et vous verrez que la seule chose qu'ils reprochaient
à Robespierre, s'était d'avoir été trop doux. Quelle
insolence ils ont affiché aux yeux du monde civilisé!
Qui le dirait, que des Français qui se disent les régé-
nérateurs de la liberté après trois mille ans, aient
supporté autant d'avanies, de massacres, d'insultes
de pillages, d'extorsions, de crimes de toute nature!

Il est vrai, le gouvernement destructeur, tout im-
parfait qu'il était, quoique mal assorti au caractère
national, contenait les germes d'une constitution
pondérée; la séparation des pouvoirs s'y trouvait
indiquée, et cette confusion ébauchée offrait du moins
la perspective d'un retour vers le bien : les circonstances seules pouvaient emmener le changement.

Le Français.

Vous verrez sans doute avec la même satisfaction
que nos armées, dirigées par le Directoire, quoique
inspirant quelque terreur pour tenir en respect les
rênes de la république, agirent avec vigueur contre
les ennemis de la France, et les forcèrent à signer
des traités humiliants.

La Vérité.

La cause de la France avec sa prospérité est aussi la mienne, mais je voudrais plus d'ordre, moins de sang répandu ; car il ne faut jamais acheter la tranquillité, le repos et le bonheur d'un pays avec la tête d'une personne innocente.

Le Français.

Bonaparte, le héros de la France, nommé général en chef par la Convention, donna l'existence à la constitution de l'an III, et par ses victoires ralentit les malheurs de la France, minant en même temps le despotime du Directoire : c'est au retour inespéré de ce général, parti secrètement de l'Egypte le 9 octobre 1799, où il s'était couvert de gloire sur les Ottomans, que nous devons un terme anx incarcérations arbitraires et aux suites plus funestes encore. Quoique ce général ait terminé sa carrière par trop d'ambition, cependant l'histoire doit lui réserver une place pour les faits d'armes qui en ont imposé à l'Europe.

La Vérité.

Oui, la France regrette encore le général et le porte au premier rang des hommes illustres qui aient paru depuis Annibal et Charlemagne ; lui qui, de ses propres expressions, fut accompagné du Dieu de la guerre et de celui de la fortune, en un seul jour et sans faire verser le sang, renversa le trône du Directoire et mit la France sous l'empire du consulat, dont il fut le premier chef. Les nations étrangères admirèrent plus son hardiesse que son courage, et la France entière lui voua une reconnaissance sans bornes; elle le considéra comme son libérateur et lui obéit comme l'agneau sous la tonte. Vous, Monsieur le Français, qui êtes émerveillé de ses exploits, vous n'êtes pas enivré de son héroisme que je ne le suis; il sera toujours présent à ma mémoire pour le bien qu'il a rendu à l'humanité souffrante.

SEPTIÈME SCÈNE.

DU CONSULAT.

Le Français.

Bonaparte, poursuivant sa fortune, ne céda ni aux exigences du parti révolutionnaire, ni aux reproches peut-être mérités de s'être placé par les armes au pouvoir consulaire; les consuls provisoires, par arrêté du 11 novembre 1799, condamnèrent à la déportation trente-six jacobins bien connus et vingt-six

membres du conseil des cinq-cents à la surveillance
dans La Rochelle ; les uns et les autres furent dessaisis
du droit de propriété.

Le même jour le gouvernement consulaire fit arrêter Santerre et plusieurs autres anciens moteurs
d'émeutes populaires. Si je n'eusse été l'admirateur des exploits militaires de Bonaparte, j'aurais
blâmé et censuré sa conduite, qui a été en pleine
contradiction avec son discours prononcé au conseil
des anciens. La grande diversité d'opinions, qui toutes
alors tendaient au même système, les uns par esprit
de parti, les autres par lâcheté ou par la crainte, en
évitant Sylla de peur de tomber dans Carybde, me fit
suspendre mon jugement, laissant à l'histoire le soin
de relever sa témérité pour ne pas dire autre chose.

La Vérité.

Vos mûres réflexions ont bien leur mérite dans
un sens ; mais de l'autre on peut les attaquer par le
peu de caractère qu'on y trouve. Tantôt d'une main
vous montez au plus haut degré le héros, et tantôt
de l'autre vous le couvrez d'opprobre ; à la vérité
Bonaparte a rendu un grand service à la patrie, en
abolissant le pouvoir dictorial. La nation, toujours
séduite par l'appas de la nouveauté, malgré tant de
cruels sacrifices, inhabile à pressentir la tendance
de cette révolution, et à discerner l'ambition de
l'homme, s'abandonna au torrent dans l'espoir d'être
déposée sur un rivage affermi et parsemé de fleurs.

Ainsi donc, Monsieur le Français, ne mettons pas en problême, comme veulent le faire les observateurs moraux et politiques ; si Bonaparte a pris le titre de révolutionnaire violent et orgueilleux, autant ténébreux que fourbe, contemplons seulement l'abolition des Comités révolutionnaires, qui moissonnaient la France ; abolition qui a donné l'ordre et la sécurité dans les chaumières. Abandonnons-nous à cette pensée, en invitant le moraliste aussi bien que l'homme d'état, de reconnaître s'ils veulent étudier la révolution française ; que c'est aux hommes inconsidérés qu'il faut attribuer la corruption des mœurs et l'esprit de servilité qui ont assimilé les diverses époques de cette révolution, et qui achevèrent de perdre en France les libertés nationales.

Le Français.

Si nous suivions pas à pas les actes du Consulat, nous devrions incriminer ceux du premier Consul, qui, institué par un attentat à la liberté publique, se couvrit d'ignominie par la proscription, par la déportation et mises en surveillance qu'il décrétait au nom du Gouvernement consulaire. La France ayant adopté ses protestations en faveur de la liberté et de la sécurité des propriétés, nous devons passer l'éponge sur ses actes qui prirent une direction opposée à ses prédécesseurs, promettant la paix, premier objet du vœu national. « Ainsi que la suppression du serment de haine à la royauté, comme pour témoigner une entière disposition à se reprocher des souverains en cessant d'anathématiser leurs titres. » Vous conviendrez, Madame la Vérité, qu'à ce titre, Bonaparte a terni une partie de sa gloire.

La Vérité.

Trois mois ne s'écoulèrent point depuis que les Jacobins perdirent leur domination, que l'aspect de la France changea; les propriétaires étaient désespérés, les transactions suspendues, les biens-fonds tombés dans un avilissement extrême; et de suite les propriétaires retournèrent sans inquiétude dans leurs domaines, les transactions recommencèrent, les biens-fonds haussèrent de prix.

Le discrédit public détruisait toute confiance entre les particuliers, l'industrie anéantie n'osait tenter un effort à la vue des rapines du fisc, les ateliers se repeuplèrent, le numéraire reparut, l'intérêt de l'argent baissa et le commerce reprit ses spéculations. Toutes ces circonstances ranimèrent les espérances des Français; si nous comparions les avantages produits par l'installation du Consulat, avec les actes qu'il dût adopter pour comprimer la partie Jacobine, nous devrions nous féliciter de son avènement au pouvoir.

HUITIÈME SCÈNE.

DU RÈGNE DE L'EMPEREUR.

Le Français.

La généralité des citoyens n'a pas vu, sans murmures, Bonaparte passer de Consul provisoire Consul à vie, le 2 août 1802; de Consul à vie au grand titre d'Empereur des Français, le 27 mars 1804. En effet, le sénat conservateur, par l'organe de Cambacérès, ex-Consul, plaça la couronne sur la tête d'un soldat ambitieux. Aussitôt la tourbe des courtisans environna le monarque impromptu, dont la voix laissa tomber ces paroles solennelles : « Tout ce qui peut » contribuer au bonheur de la patrie, est essentielle- » ment lié à mon bonheur ; j'accepte le titre que vous » croyez utile à la gloire de la nation. . . Je soumets » à la sanction du peuple la loi sur l'hérédité. »

Où peut-on trouver autant de contradictions comme l'on peut trouver dans la faiblesse du Sénat ? Nulle part. Lui qui, accompagné de Cambacérès, fut disposé du vœu de la nation, en proclamant Bonaparte Empereur. Quoi ! se faire représenter par Cambacérès dans une si horrible trahison contre les destinées de la République, c'était, je ne crains pas de le dire, mettre le sceau à toutes les iniquités. Cambacérès son compétiteur, qui, dans la nuit du 19 au 20 janvier 1793, s'était écrié : « Citoyens Représentants, en » prononçant la mort de Louis XVI, vous avez fait » un acte dont la mémoire ne passera jamais, et qui » sera gravé par le burin de l'immortalité dans les » fastes des nations... Qu'une expédition du décret » soit envoyée à l'instant au Conseil exécutif pour » les faire exécuter dans les vingt-quatre heures de » la notification. »

Quel contraste ? quelle contradiction on trouve dans ceux qui sont au pouvoir ? tous trahissent la la foi des serments prêtés au Gouvernement qui les admet à son administration. Bonaparte fut donc créé empereur par ses sénateurs, sans que la nation soit en rien comptée. (*Il en est de même de tant d'autres gouvernants qu'on pourrait citer.*) Que sont devenues ces assertions tant de fois avancées, comme si elles n'eussent pu se contester ; elles se sont évanouies dans l'espérance de voir présider plus d'ordre dans le gouvernement. Oui, nous avons compté une foule d'institutions empruntées à l'ancienne monarchie, superposées au régime démocratique ; mais à chaque innovation de ce genre, on s'est toujours empressé de rassurer certains esprits, quoiqu'en petit nombre, inquiets sur l'altération des formes républicaines ; on protestait que de telles institutions n'étaient établies qu'afin de protéger plus efficacement la liberté et l'égalité. Où est l'accomplissement de ses promesses? **Dans les mots, la liberté et l'égalité furent enchaînées;**

du tronc de la république , elles passèrent à celui de l'absolutisme.

Enfin, la constitution de 1791. celle de l'an II, celle de l'an III, celle de l'an VIII. et les divers sénatus-consultes, qui tous dérivaient de la révolution de 89, furent l'ouvrage des hommes vacillants, qui. changeant d'opinion comme la girouette de direction, s'assimilèrent aux météores des airs. Avouez , Madame la Vérité , que perdant le fruit de l'avenir, acheté avec tant de sacrifices, nous ne pouvons applaudir à ces changements inopinés.

La Vérité.

J'ai vu comme vous le déréglement de ces hommes, qui comptant dans l'histoire comme précurseurs de l'anarchie. Si nous devions nous arrêter sur les événements qui se sont passés depuis les premiers jours de la révolution, nous aurions trop à dire ; aujourd'hui occupons-nous seulement du bien que Bonaparte a fait comme consul; il rapporta plusieurs lois de rigueur , ferma la liste des émigrés, r'ouvrit les portes de la patrie à trente mille proscrits ; il rétablit dans les cités , dans les campagnes, une sécurité qu'on apprécia d'autant mieux , que depuis 1791 on ne la trouvait nulle part ; il s'efforça de déblayer les ruines , d'effacer les traces du vandalisme ; il encouragea l'essor des talens ; il rendit les ministres de la religion de l'état aux autels relevés ; il donna un traitement à ces mêmes ministres qui doivent tout au pouvoir du grand capitaine. Les dépositaires du pouvoir obtinrent de la considération et s'étonnèrent eux-mêmes de leur stabilité, témoin de tous ses actes : ma pensée fut toute à lui par l'espoir de la continuation de ses bienfaits.

Le Français.

Admirateur de la magistrature de Bonaparte, qui dans quatre années, avait ramené l'ordre, ranimé l'industrie et vivifié le commerce, annonçant les prochains développements des mesures les plus assorties au bien général de la nation, ce n'était qu'assurer les bases d'une prospérité dont les fondements paraissaient liés à ceux de Jupiter : je m'étais prosterné à ses pieds comme Médée. Cependant relevé de cette fausse inspiration qui me fut sollicitée par le vœu qu'exprimait la nation, je me mis à tonner contre son absolutisme, comme la foudre à travers les nuées, mais je n'obtins d'autres résultats que celui de plaindre les jeunes gens envoyés à la mort. Combien de familles ne se sont-elles pas réunies pour les soustraire au service militaire ! S'il eût eu moins d'ambition, il régnerait encore, et la France dicterait des lois à divers gouvernements : en se perdant, il a terminé notre gloire et nous a exposés à tant de vicissitudes qui ont fait et feront notre malheur. Je me tais pour ne pas dire le reste...

La Vérité.

J'admire votre franchise, qui toujours me fera

pressentir que vous regrettez les premiers jours de la révolution ; que , quel gouvernement que Paris nous donne , vous l'incriminez d'absolutisme. Quoi ! vous préféreriez être gouverné plutôt par une légion d'hommes qui ne respirent que le sang , que par un seul, qui, en un instant , peut être arrêté dans sa course politique. Non , je ne pense pas ; vous avez le même intérêt que moi à jouir de la sécurité et de la tranquillité. Si vous aviez goûté comme moi les douceurs des comités révolutionnaires, vous banniriez de votre mémoire les trophées de la terreur : ainsi donc, souffrons avec patience , et ne regrettons aucun des gouvernements qui se sont succédés depuis 89. Il est temps que nous passions le pinceau sur tout ce que nous avons vu ; ce faisant, nous nous acheminerons vers l'éternité, qui jugera nos fautes et nos opinions, et taisons les vérités qui ne sont pas toujours bonnes à dire (elles offusquent les gens du pouvoir).

Le Français.

Je ne puis rejeter ni vos conseils, ni abandonner un système émis de bonne foi ; le bonheur de la France fut toujours ma pensée, et si elle a vacillé dans les circonstances, c'est plutôt par la crainte que par le domaine de la volonté. Ecoutez, Madame la Vérité, je vais vous parler en homme franc, et jugez-moi sans passion. Bonaparte , le 19 mai 1804 , par décret impérial, conféra la dignité de maréchal d'empire aux généraux Berthier, Murat, Moncey,

Jourdan, Masséna, Augereau, Bernadotte, Soult, Brun, Lannes, Mortier, Ney, Davoust, Bessière, Kellerman, Lefèbre, Pérignon et Serrurier. Son premier but fut celui de récompenser ces généraux, qui déjà sous lui avaient remporté des prodiges de gloire. Il avait besoin de les réunir à ses projets par des bienfaits, ayant l'arrière-pensée de la domination universelle. Pour y parvenir, il sentait par intervalles le besoin d'être juste pour s'assurer une muette obéissance ; mais presque aussitôt il retenait, avec une sombre fureur, le ressort de tout bon gouvernenent.

Il porta le fléau et le désastre de la guerre chez tous les peuples du continent ; il y plaça ses frères comme rois ; il conserva la couronne de l'Italie pour lui ; il donna des constitutions à tous les peuples asservis par les armes, et tenta de passer dans les déserts de la Russie pour y dicter encore des lois.

A tant d'insolence, commandée par une ambition démesurée, les princes de l'Europe attaqués par les intrigues d'une fourberie sans exemple, pouvaient-ils se soumettre à ses barbaries? non, sans doute. Ils devaient, comme rois, dans leur intérêt et dans celui de leurs sujets, se livrer à une nouvelle coalition, et aussitôt nous vîmes leurs légions passer le Rhin et venir d'outre-mer mettre un terme à toutes les calamités : il est vrai, le sang coula à grands flots, mais les destinées de son empire étant dans les mains de la providence, sa déchéance et celle de ses frères furent arrêtées dans un court terme.

Si Bonaparte fût mort les armes à la main, ce qu'il devait à la nation par lui sacrifiée, on aurait eu pour lui plus de vénération et de respect ; mais abdiquant la couronne et acceptant sa déportation à l'île d'Elbe, pour y être gardé à vue par le plus cruel ennemi de la France (l'Angleterre), il n'a rien mérité de la patrie : tel qui l'encensait en idole, a blâmé, si non sa politique, mais bien sa conduite.

NEUVIÈME SCÈNE.

RESTAURATION DE 1814.

La Vérité.

Les faits que vous venez de me relater sur la fin de la scène précédente se sont passés sous mes yeux, et je vous avoue franchement qu'à Bonaparte seul nous devons la visite des puissances étrangères, emmenant avec elles le *grand acteur Louis* XVIII : ce haut personnage qui avait guerroyé, et sans succès pendant le vendalisme, nous fut proposé ou assigné pour roi ; la France fatiguée de l'incertitude dans laquelle l'anarchie l'avait plongée pendant 25 ans, l'accepta, c'est-à-dire Paris, qui donne des souverains à volonté.

Louis XVIII traita avec les puissances, et elles se retirèrent sans indemnité, comptant à la sincérité de l'enthousiasme de nos parisiens, qui disposent du pouvoir sans consulter la France.

Louis XVIII désirant régner sur les Français, comme il en avait conçu le projet dans son long exil, chercha à s'entourer de la bienveillance des autorités. Dès-lors, le public entraîné par le retour de l'ordre et de la justice, qui depuis 89 étaient remplacés par la licence, se livra, à l'exemple des parisiens, à des réjouissances qui achevèrent de conjurer les puissances de son amour et de sa fidélité pour Louis XVIII.

Ce monarque, de son propre mouvement, nous octroya une charte qui rassura les acquéreurs des domaines nationaux, qui, ne consultant déjà que la cessation des persécutions et la pacification générale, qui promettait à leurs enfants un avenir plus heureux, étaient prêts à faire des sacrifices vis-à-vis les propriétaires dépouillés par l'anarchie ; mais le monarque dissipa toutes les craintes par la charte : cet acte était commandé par l'intérêt général, parce que ces mêmes biens étaient passés dans les mains de plusieurs individus. Le prince imbu de la pensée de régner en bonne harmonie, chercha à s'emparer de l'esprit de nos fontionnaires civils et militaires, en les conservant au pouvoir, sans considérer que ces mêmes hommes avaient prêté serment de fidélité à la constitution de 1791, à celle de l'an II, à celle de l'an III, à celle de l'an VIII, et que prêtant le même serment à la Charte, ils annonçaient par le fait la même infidélité. Considérez, Monsieur le Français, où allait la prévoyance de ce monarque, et, à vous parler sans arrière-pensée, je vous dirais qu'il ne pensait à régner que pour lui, et le temps justifiera *mes prédictions.*

Il fit plus, il décerna des honneurs à ceux qui avaient le plus vigilé pour le repousser : *je ne vous parlerai point de la bataille de Toulouse, qui valut au maréchal Soult le porte-feuille de ministre de la guerre.* Il couvrit de mépris et d'ingratitude ceux qui s'étaient sacrifiés pour sa cause (*telle est, en général, la politique des monarques*). Une telle conduite lui mérita un instant les éloges du parti révolutionaire, qui cependant, depuis son entrée au pouvoir, méditait une contre-révolution pour le chasser : les disgraciés, par esprit de parti, passèrent en silence les humiliations qu'ils recevaient de la part de leur monarque, qui, plus tard, fut lui-même récompensé de sa fine politique. O Français! que vous êtes inconstants et parjures en même temps; si vous vous plaignez de la vérité, faites un appel à l'histoire, et vous verrez qu'elle vous juge comme tels.

Le Français.

Que vous m'attristez, Madame la Vérité, en me rappelant des circonstances échappées à ma mémoire. Si Louis XVIII donna une charte et laissa au pouvoir les divers fonctionnaires, il faut l'attribuer plutôt à sa faiblesse qu'à son dévouement pour le peuple ; car il avait tout fait pour attirer les puissances étrangères sur le sol français, dans le seul esprit de l'asservir de nouveau. Si les puissances furent généreuses à l'époque de la restauration de 1814, c'est qu'elles reconnurent notre puissance pendant leur séjour à la capitale ; que Bonaparte ayant *abdiqué et accepté* la déportation, elles étaient loin de croire que la paix fût troublée de long-temps ; d'ailleurs leur bonne foi était rassurée par le dévouement exprimé en faveur de *Louis-le-bien-aimé*. A ce dévouement, se mêlait encore le vœu de la première métropole de l'Europe (Paris). Tout marchait de front pour les persuader que nous devions tous les maux à Bonaparte seul, que c'était lui qui, chaque année, décimait nos familles, nous enlevait un fils, un frère, des parents, des amis ; ces braves ne furent au combat que pour Bonaparte seul, et non pour le pays. Pour qu'elle cause? Ils furent immolés à la démence de laisser après lui le souvenir du plus épouvantable oppresseur qui ait pesé sur l'espèce humaine ; que c'était lui qni nous avait fermé les mers des deux mondes... qu'à lui seul nous devions la haine de tous les peuples sans l'avoir méritée, puisque, comme eux, nous fûmes ses malheureuses victimes, bien plus, les instruments de sa rage et de son ambition. De tels aveux étaient propres à inspirer de la confiance pour l'exécution des traités conclus entre Louis XVIII et les puissances ; à cette idée, celles-ci se laissèrent aisément entraîner, non par commisération, mais par les craintes d'une guerre de nation... elles se retirèrent vers leurs états, et de suite nous goûtâmes les délices de cette paix tant désirée, et que sous peu des nouveaux traités troublèrent encore. Oui, Madame la Vérité, si par le fait des circonstances la France retomba sous la domination d'un Bourbon, nous le dûmes en partie au peu de prévoyance de la Convention et à son anarchie, qui suscita à la liberté des grands ennemis. O Liberté! ton règne finit au 9 thermidor. Il ne me reste qu'à te conserver dans mon esprit, mes actions étant jugées révolutionnaires Obéissons donc à la loi du plus fort, et laissons au temps à te venger des oppresseurs.

La Vérité.

Si je ne connaissais vos principes, vous me feriez aisément croire à votre retour vers la justice ; mais toujours en énumérant les évènements, vous laissez échapper quelques phrases qui dénaturent les prévisions et vous conservent dans l'idée que vous ne pouviez être heureux qu'avec la liberté de 89.

Oui, Monsieur le Français, vous êtes imbu d'une doctrine qui a sacrifié la France, que dis-je! toute l'Europe à l'ambition et à la vengeance des premiers hommes de la révolution.... révolution qui a été toujours votre point de mire, qu'elle qu'en soit la cause. Voyez les effets qui en ont résulté; voyez le vaste continent de l'Europe, par tout couvert des ossements confondus des Français et des peuples, qui n'avaient rien à se demander les uns aux autres, qui ne se haissaient pas, que les distances affranchissaient des querelles, et qu'il n'a précipités dans la guerre que pour remplir la terre du bruit de son canon. Ne parlez plus de victoire, Monsieur le Français! Quel bien en est-il résulté? la haine des peuples, les larmes des familles, le célibat forcé des filles, la ruine de toutes les fortunes, le veuvage prématuré des femmes, le désespoir des pères et mères, à qui d'une nombreuse prospérité, il ne restait plus la main d'un enfant pour leur fermer les yeux. Voilà ce que nous ont produit les victoires de ses gouvernements usurpateurs; enfin, ne regrettons plus les trophées des révolutions.

N'avez-vous pas vu, Monsieur le Français, les hommes signalés par leurs excès aux époques les plus funestes, s'empresser de publier leur adhésion à l'acte du Sénat, qui appelait Louis XVIII au trône de ses ancêtres; on compte parmi eux le conventionnel Mailhe, premier acteur dans la procédure de Louis XVI, et l'autre conventionnel Cambacérès, qui, jaloux d'enlever à la victime son dernier espoir, appela l'heure du supplice : ces deux hommes furent les premiers à saluer du nom d'*Empereur* celui dont ils approuvèrent la déchéance le 1er avril 1814, après avoir rampé pendant dix ans devant lui, en avoir reçu des riches dons, provenant des dépouilles enlevées à la France et aux nations étrangères.

Sur cet exemple, les adresses d'adhésion parvinrent de toute part au gouvernement provisoire (il est à remarquer que ces adresses ne portaient que des fonctionnaires): c'est ainsi que de tous les temps les autorités ont disposé des intérêts de la France. Oui, ces adresses se succédèrent avec cette fougue , toujours reproduite à chaque mutation de gouvernement, à chaque retour vers l'ordre, à chaque innovation salutaire ou désastreuse, à chaque rechûte dans l'anarchie ou le despotisme : tous les hommes empressés d'étaler les sentiments de bien public, qu'ils ont si long-temps cachés dans les replis de leurs âmes, ont été les premiers à faire retentir dans les airs les changements que les circonstances préparaient.

Eh bien! Monsieur le Français, émus de l'inconstance des hommes, pleurons les victimes qui ont péri depuis 89, et soumettons-nous aux décrets de de la providence, qui seule peut mettre un terme à toutes les calamités publiques.

DIXIÈME SCÈNE.

DES CENT-JOURS.

Le Français.

L'horison changea au 1er mars 1815 : Bonaparte sortit secrètement de l'île d'Elbe avec 900 hommes, ses anciens soldats, débarqua au golfe Jouan près de Cannes (Var), et le drapeau de la liberté ne flottant que dans le cœur des patriotes, reparut : son seul nom fut le signal du renversement du trône de Louis XVIII. Aussitôt les portes de Grenoble et de Lyon furent ouvertes au grand capitaine. Napoléon, habile en administration, partit de la seconde ville de France et se présenta devant Paris avec la rapidité de l'éclair. Dans son passage, les autorités accoururent pour le féliciter sur son heureux retour ; les troupes se réunirent à lui, en lui renouvelant d'esprit et de cœur leur fidélité, et le 20 mars, à neuf heures du soir, il fit son entrée dans la capitale. Paris resta muet ; la réalité s'offrit à un million de spectateurs comme une illusion théâtrale, comme un optique mensonger ; leur imagination se refusait à la vraisemblance d'une aussi rapide succession des faits merveilleux. Paris ne manqua pas d'offrir son encens banal au Dieu du jour, qui, enthousiaste de reprendre les destinées d'une république et la liberté qui lui avait été ravie par le traité du 11 avril 1814, reprit les couleurs tricolores et lui prêta son serment de fidélité.... Eh bien ! Madame la Vérité, que direz-vous de ce grand évènement, qui s'est effectué sans combat ni sang répandu? Oui, il ne faut pas le dissimuler, que Louis XVIII, par ses actes, nous conduisait à un nouveau torrent de larmes.

La France reconnaissant que la déchéance de Bonaparte fut forcée, le réintégra dans ses droits, et aussitôt les légions se levèrent et lui offrirent leur appui. Un tel acte, Madame la Vérité, releva le moral de la nation et chaque citoyen applaudit aux progrès du nouveau conquérant.

La Vérité.

A chaque innovation, Monsieur le Français, votre esprit s'électrise, et sans en considérer les suites, vous vous enivrez de chimères espérances. Quoi! applaudir à la violation du traité du 11 avril 1814, qui avait donné à l'Europe la paix dont elle ne jouissait point depuis 89, s'était allumer les torches de la guerre civile et provoquer le fléau de la guerre européenne ! Napoléon, en se portant à main armée sur le territoire français, avec le projet de renverser le gouvernement établi, en excitant les citoyens et les troupes contre le souverain de fait et de droit, en reprenant le titre d'Empereur, auquel il avait solennellement renoncé pour lui et ses successeurs, ne devait être considéré que l'ennemi de l'ordre public, car il avait brisé par son traité et son acte d'abdication, tous les liens qui l'unissait à la France : dès-lors celle-ci devait le repousser ; mais non, elle le reçut avec enthousiasme, et malheureusement elle suivit l'impulsion de Paris, dont les habitants obéissent à tout individu qui se fait maître du palais des Tuileries, occupation qui décide tout, comme si le pouvoir tenait à cette résidence. Oui, le point de centralisation contre lequel la France réclame a fait notre malheur, et il en sera ainsi, parce que les premières autorités tiennent à la résidence de Paris. Eh ! peuple Français, tu te dis souverain, et une poignée de courtisans et de conspirateurs résidant à la Capitale, te font la loi et tu leur obéis ! Fais l'analyse des pouvoirs donnés à tes mandataires, les députés, et tu verras que jamais tu n'as entendu leur donner le mandat de changer de gouvernement à volonté, et l'outre-passant, rappelle-les, si non autre chose.......

Bonaparte en se présentant au 1er mars 1815, promettait au peuple de le réintégrer dans tous ses droits civils et politiques ; mais il n'a pas dit tous les dangers auxquels il allait exposer la France, en conduisant sur les frontières une armée de braves, avec l'intention de tout perdre ou de tout gagner : le Dieu de la guerre ne le suivant plus, il devait s'attendre à des revers ; aussi l'armée qui le suivit aveuglément eut grandement à se repentir de s'être séparée de son roi légitime : plus tard nous connaîtrons les suites fâcheuses de cette nouvelle entreprise.

Le Français.

Vos prévisions, Madame la Vérité, sont toujours mises en avant, pour enrayer l'élan qui est la boussole des bons citoyens ; vous vous rappelez sans doute, que Napoléon-le-Grand ayant repris les rênes de son empire, se porta sur les frontières de la Belgique, et que le 15 juin 1815, il y fit son entrée avec son ancienne armée, qui, avec une dextérité et célérité miraculeuse, en avait réformé le matériel, Oui, Madame la Vérité, le grand Annibal de nos jours, avec une armée de 120 mille hommes, pourvue de 350 bouches à feu, osa attaquer 1,068,000 hommes, composant les armées combinées contre la France. Ces armées furent un instant étonnées de la hardiesse et des dispositions militaires de l'Empereur : celui-ci comptant sur le même dévouement de ses anciens généraux, aborda tous les dangers, croyant pouvoir enfoncer l'ennemi et lui dicter encore des lois ; son armée secondait ses projets ; elle se jetait sur des masses colossales et se lançait à la mort, aux cris de Vive l'Empereur ; mais nos généraux, fatigués de la guerre, qui, parvenus au suprême degré d'élévation, enrichis par les dépouilles des ennemis, ou par les largesses de Napoléon, n'avaient d'autre désir que de jouir paisiblement de leur fortune à l'ombre de leurs lauriers, doutant de la victoire : voilà le premier mobile des chances que courait notre restaurateur. Il lui fallait, en cette circonstance, des hommes jeunes, qui, pleins d'ambition, auraient prodigué généreusement leur vie pour acquérir des grandeurs et de la renommée : ces hommes, il pouvait les trouver chez les colonels et généraux entrés dans la carrière militaire après les premiers. Cette faute fut grave et fit aussitôt prévoir la perte de la cause pour laquelle les français s'étaient de nouveau levés ; la liberté devint le sujet de l'absolutisme, et de long-temps ne sera offerte à ceux qui ont fait tant de sacrifices pour la conquérir. Que faire! il faut se résigner et attendre dans les destinées du monde le retour de nos premières institutions.

La Vérité.

Toutes les fois que le drapeau tricolore courbe, vous rabattez de votre système, et par le langage que vous tenez, on dirait que vous regrettez comme moi l'heureux temps de 88; cependant votre finale me prouve le contraire, Ainsi donc, je dois à la postérité le soin de vous désabuser : c'est à votre libérateur que la France devra la nouvelle invasion des puissances étrangères, provoquée par la violation du traité qui lui conférait la souveraineté de l'île d'Elbe.

La trame ourdie de longue main, à laquelle

Napoléon n'était pas étranger, et son audace témérité l'aveuglèrent et lui firent perdre le fruit d'une transaction royale. Qu'avait-il à espérer de plus? rien. De simple citoyen, il était devenu général, prince et souverain de l'île d'Elbe; il me semble qu'à ce titre il pouvait se considérer heureux, après avoir porté en Europe les désastres d'une guerre sans exemple. J'avouerai que Napoléon par son génie et son intrépidité fit suspendre aux Anglais et aux Prussiens le cri de victoire dans la journée du 18 juin 1815, bataille qui fut très-meurtrière aux armées belligérantes. Cependant la victoire fut complète pour les armées coalisées, parce qu'elles conservèrent leur ensemble et pouvaient se recruter, parce qu'elles présentèrent au combat la force des masses, jointes à la force numérique, huit et dix fois plus forte que les Français pouvaient réunir les jours suivants.

De ce jour fatal, on pouvait sonder la profondeur de l'abîme que Napoléon ouvrit sous la France en y reparaissant : il disait, il affirmait après la bataille, que les dissensions politiques avaient détrempé le moral de son armée, disons l'énergie des plus braves, et obscurci les facultés de tous; mais plus l'allégation de ce chef de parti était fondée, plus il était inconsidéré de chercher à venir à bout en un seul jour de deux formidables armées.

Je vous le répète, Monsieur le Français, le Dieu de la guerre ne suivait plus Napoléon, qui ne pouvant se recruter à volonté, devait échouer dans son

entreprise. Toutes les fois que des revers arrivent,
le général qui commande crie : *Trahison !* Ne sait-
on pas qu'un général qui a remporté cent victoires,
peut perdre la cent-unième, et que celle-là lui fait
perdre le plus souvent le fruit de toutes les autres.
Comme une maison de commerce, qui se croit à l'abri
des revers, ose tout entreprendre, et une seule fausse
opération la met à fond de cale.

La cause de la catastrophe de Waterloo fut attribuée
à l'inconcevable inaction du général Grouchy, qui,
jointe aux deux grandes fautes commises par le
maréchal Ney, entraîna le désastre de ce lieu : cette
bataille fera époque dans les annales. Oui, le maréchal Ney, voyant la perte indubitable de Napoléon,
cherchant à rentrer dans les bonnes graces de
Louis XVIII, qu'il avait trahi, quitta son corps dans
le fort de la déroute et se rendit à Paris pour annon-
cer que tout était perdu, répandant l'alarme et
l'épouvante sur toute la route. Toutes ses démarches
ne purent le sauver, la providence le suivait de loin
en loin et sa tête paya le tribut de ses trahisons.

Enfin, Bonaparte quitta les débris de l'armée et
se rendit à Paris, éperdu, entraîné par un sentiment
inexplicable ; il n'eut que trois pensées : sauver sa
personne, dissoudre la seconde chambre législative,
seule barrière à son despotisme, et usurper la dic-
tature en dispersant les envoyés des départements,
lesquels, dans cette effroyable tempête, servaient de
boussole au très-grand nombre des Français. Il se

jugeait capable de reproduire l'enthousiasme de la
nation ; mais son acte constitutionnel avait dissipé
toutes les illusions. En abandonnant l'armée, il prouva
à l'universalité de la nation, que la liberté n'avait
pas de plus dangereux ennemis que lui : ces espérances furent déjouées par La Fayette, qui demanda
son abdication immédiate. Un conseil spécial composé
des ministres et de cinq députés de chaque chambre fut nommé pour discuter les mesures d'urgence :
sur le rapport de ce conseil, on proclama la déchéance de Bonaparte. Alors ce général chercha à
faire passer la couronne à son fils ; mais sa proposition fut rejetée à la grande majorité et son abdication d'eût être sans restriction, ni condition autre
que celle que les puissances lui imposeraient par
suite de sa perturbation.

Paris fut mis en état de siége le 28 juin 1815, et
le 29 suivant Bonaparte quitta les Tuileries et fut
se réfugier à Malmaison, où déjà le canon des étrangers grondait aux environs de la Capitale. Avant de
partir il avait écrit à la Commission du gouvernement
pour lui offrir ses services comme général, se regar-
dant, disait-il encore, comme le premier soldat de
de la patrie. La Commission lui répondit que son
devoir envers la patrie et les engagements pris par
les plénipotentiaires avec les puissances étrangères,
ne lui permettaient pas d'accepter son offre.

Que cherchait Napoléon dans son désespoir ? A
attirer les horreurs de la guerre sur la Capitale qu'il

était forcé d'abandonner ; s'il eût été soldat, tel qu'il le disait, titre qu'on ne lui a jamais disputé, que devait-il faire en cette circonstance ? Se mettre à la tête de l'armée qui était aux environs de Paris, composée de quatre-vingt-dix mille hommes et de douze mille fédérés, et mourir l'épée à la main ; mais sa pensée était toute autre, il cherchait à assumer tous les torts sur la Capitale, et par là se ménager une retraite plus honorable, en traitant lui-même avec les puissances.

Enfin, les combats militaires finirent, et d'ordre des souverains, *Vellington* et *Blucher* acceptèrent une capitulation revêtue du nom de convention, et le 3 juillet elle fut signé à Saint-Cloud ; cet armistice préserva Paris des calamités d'un siége : il conserva à la France des militaires dont elle s'enorgueillissait, et qui pouvait un jour servir à recomposer son armée.

Il faut le dire, les soldats exaltés par le sentiment de la gloire nationale demandaient encore le combat ; leurs vœux ne furent pas écoutés, et l'armée française dût évacuer Paris et se retirer sur le derrière de la Loire (Napoléon pouvait encore mourir en brave à la tête de son armée).

Le Français.

Les circonstances que vous venez de citer sont encore présentes à ma mémoire ; seulement j'observerai que si le restaurateur de la liberté a échoué dans son dernier début, ce n'est ni manque de courage, ni de génie, mais bien le souvenir des calamités des avant-dernières guerres qu'il avait dû susciter pour assurer à la France le triomphe de ses institutions : souvenir qui attiédit le premier enthousiasme, et qui nous conduisit au bord du précipice. N'avez-vous pas vu ces hommes, comblés de ses bienfaits, tourner casaque ? Tous ces hommes, qui depuis le 11 avril 1814 regrettaient l'administration de leur capitaine, manifestèrent le plus grand contentement à son débarquement et coururent à lui pour offrir leur épée (vous connaissez le reste).... Ces généraux, dirigés alors par des sentiments qu'on peut dire peu orthodoxes, et aspirant à de nouvelles faveurs, sans calculer le danger auquel la France allait être exposée, partirent avec Bonaparte vers la Belgique : le plan était d'attaquer de front les Anglais et les Prussiens, et de diviser les armées étrangères, pour les battre en détail; mais ses dispositions militaires furent contrariées par la force numérique, et sans chercher à me répéter, je dirais que la bataille de *Waterloo* fut le signal de notre perte.

Madame la Vérité, vous faites toujours un étalage des principes contraires à l'esprit de la nation, qui, depuis 89, a fait de grands efforts pour conquérir et se maintenir dans ses droits : il est vrai, la providence, loin de protéger les armes du libérateur, les conjura à la retraite. Cependant, la France lui devra de la reconnaissance d'avoir sacrifié ses jours et son empire pour la placer au plus haut degré de domination.

Les troupes étrangères firent leur entrée à Paris le 6 juillet ; aussitôt la convention de Saint-Cloud fut violée : la commission du Gouvernement n'étant plus libre, et les Prussiens ayant forcé les portes des Tuileries, cessa ses fonctions. *Vellington*, au mépris de l'article 11 du traité, dépouilla les musées et saccagea les monuments : voilà les premiers égards que les puissances eurent pour la Capitale de la monarchie française.

ONZIÈME SCÈNE.

DEUXIÈME RESTAURATION.

Le Français.

Louis XVIII entra à Paris le 9 juillet, époque où l'interrègne de cent jours a fini. Nous pensions alors que le monarque pourrait alléger nos maux ; mais il était lui-même forcé de suivre la loi du plus fort, car la providence permet le plus souvent que l'iniquité triomphe pour l'instruction des peuples et des rois. Rappelons que la place du Carrousel et la cour du château des Tuileries furent les bivouacs des *Cosaques*, le dépôt des pièces de canon braquées et l'appareil d'un camp de *barbares* et de *sauvages*. Quoi! que pouvait-on offrir de plus repoussant et de plus affreux sous les croisées du palais habité par le roi? Le monarque se vit obligé de souffrir, d'approuver un si insolent abus de force, et même de voir dégrader, de ses propres yeux, l'arc de triomphe du Carousel, aux cris *hurra*, *hurra*. Les soldats de *Vellington* et de *Blucher* descendirent les chevaux de bronze : cette conduite était faite pour irriter les partisans de la véritable liberté, qui déjà criaient que les principes constitutionnels étaient entièrement méconnus; mais la force était là, c'est l'unique moyen que les monarques emploient pour comprimer le peuple. Je me tais, l'avenir jugera le passé.

Louis XVIII, par ses proclamations de Cambrai, comptait par sa présence pouvoir adoucir les maux qui déjà pesaient sur nous ; mais son attente fut trompée. Si Paris ne fut pas détruit, c'est que les puissances craignirent le réveil et l'indignation des Français ; les seules faveurs que le monarque obtint par le traité du 20 novembre 1815, furent celles de payer 700 millions à titre d'indemnité, pour les frais de la dernière invasion de Bonaparte, payables dans cinq ans et par portions égales tous les jours (ceci comme dividende d'une créance de commerce), d'entretenir et habiller un corps de cent cinquante mille hommes, destiné à occuper les frontières de la France dans les départements de Calais, du Nord, des Ardennes, de la Meuse, de la Moselle, du Bas et Haut-Rhin: ces mêmes corps devant occuper dix-sept places fortes. Toutes ces conditions établies par les puissances annonçaient, qu'en cas de rupture, elles voulaient se ménager une retraite.... *La générosité des Anglais fut plus grande et plus loyale; ils se réservèrent de fournir les draps pour l'habillement de cent cinquante mille hommes, et de les faire confectionner en Angleterre : ceci était à sa place, parce que nous manquions des fabriques et des ouvriers.*

Nous étions loin de penser à une pareille générosité de la part d'une nation qui nous avait suscité toutes les coalisations, et qui, à tout prix, avait médité la perte de la France. Eh, bien ! Madame la Vérité, que direz-vous de la conduite des puissances coalisées, qui annonçaient ne revenir en France que pour y rétablir l'ordre et la bonne harmonie ?

La Vérité.

J'ai lu, comme vous, l'histoire des évènements qui se sont succédés depuis 89 ; j'avoue que ceux de l'interrègne ont frappé mon imagination ; la France pouvait les éviter en repoussant le prétendu libérateur des institutions républicaines. Si Louis XVIII eût été coupable de violation à la charte, la France pouvait le rappeler à l'ordre sans le chasser une seconde fois de son trône ; son premier tort fut d'amadouer ses ennemis par des faveurs , et d'aigrir ses serviteurs fidèles par l'ingratitude la plus marquante : de ce point de politique prirent naissance les évènements du 6 mars 1815. Maintenant il ne nous reste qu'à suivre son règne, pour juger le bien et le mal qu'il aura fait ; le temps sera son juge, et la France classera son mérite dans ses annales.

Le Français.

La politique de Louis XVIII était digne d'un monarque qui cherche à concilier les partis , en récompensant ceux qui s'étaient prononcés pour la liberté. Cet acte était d'ordre public, puisque par la charte, il avait légitimé nos institutions, et en déconsidérant les autres, c'était les éloigner du pouvoir de crainte qu'ils n'exerçassent des réactions qui auraient pu amener de nouveaux troubles. Louis XVIII a pu avoir des torts après sa rentrée : à la France seule appartient le droit de les relever. Je dirais seulement que ses actes ont été reçus avec reconnaissance par la majorité des Français, et que les monarques sont... ce que vous savez.

La Vérité.

Le parti révolutionnaire ne vit point sans indignation les ordonnances royales qui excluaient vingt-neuf membres de la chambre des pairs, et mettaient en jugement dix-neuf généraux ou officiers supérieurs,

pour avoir abandonné le roi avant le 23 mars 1815,
et attaqué le gouvernement et la France à main
armée, ou qui, par violence, s'étaient emparés du
pouvoir. Oui, cette mesure parut extraordinaire;
mais à la bien considérer, elle était nécessaire, une
fois surtout que le monarque ne les avait pas mis
en retraite et remplacés par des hommes dévoués à
la cause royale. Si Louis XVIII eût suivi cette politique, l'interrègne n'aurait pas eu lieu, et la France
n'eût pas été sacrifiée par le traité du 20 novembre.
Au roi seul la France doit cette *échauffourée;* dans son
exil, il médita le moyen de régner sur les Français,
et placé sur le trône, il ne fit que la volonté de ses
propres ennemis, qui se ruinaient en flatteries. Ce
manége perd les princes, et le plus souvent les monarchies.

En suivant les événements du règne de Louis XVIII,
nous apprenons que le monarque ne fut pas grandement affecté de *l'assassinat du duc de Berri,* et qu'au
lieu d'ordonner l'instruction contre l'auteur principal
signalé à la France, il employa son autorité royale
ponr empêcher qu'il ne fut mis en jugement; il fit
plus, pour le relever du blâme mérité, il l'entoura
de sa haute considération. Si vous ne connaissiez
l'auteur de ce crime et l'honorable représentant qui
le signala à la justice, je dirais le reste....

Quoi ! faire l'apologie de Louis XVIII, ce serait
perdre infructueusement le temps, et se revêtir d'un
voile qui.... Ce monarque, entouré de flatteurs, ne

se fixait que sur le présent et ne cherchait à régner que pour lui. A ces fins, il tolérait, pour ainsi dire, toute sorte de complots, pourvu qu'ils ne fussent point dirigés contre lui. *La France recueillit les paroles qu'il adressa à Madame, après l'explosion de la machine infernale dirigée contre elle et sa famille : « Avez-vous eu peur, Madame, dit-il ? Pour moi, j'étais plus que rassuré que.....»* Si tout autre eût tenu un pareil langage, on aurait dit qu'il n'était point étranger au complot ; mais on fut loin de le penser, parce que ces expressions sortaient de la bouche d'un roi et d'un oncle. Des comités se tenaient sous les yeux de la police, où déjà on méditait la déchéance de la branche aînée. Si Dieu eût prolongé les jours de Louis XVIII, il se serait vu obligé de repasser les frontières une troisième fois.

Je suis et j'étais loin de croire que Louis XVIII fût l'homme qu'on le titrait. Je pars de sa séparation avec Louis XVI, dans la journée du 10 août 1792, époque où il croyait monter sur le trône après l'arrestation de son frère, comme ayant manifesté son assentiment à la révolution française. Pour arriver sans secousse à la fin de son règne, il faisait toute sorte de concessions..... Lisez ses actes, et vous verrez comme moi que....

La faiblesse et l'ingratitude de ce prince furent toujours sa boussole ; je dis *faiblesse*, de ce qu'il craignait de punir ; je dis *ingratitude*, de ce qu'il n'a u ni voulu gratifier les personnes qui lui étaient dévouées d'esprit et de cœur, et qui lui avaient rendu de grands services. Un seul fait, qu'on trouvera dans le répertoire des causes appelées au tribunal civil et cour d'appel de Paris, met au grand jour la politique qu'il avait adoptée, pour ne pas dire autre chose.....

Un haut personnage fut le trouver au moment de son départ pour Gand, pour lui dire qu'il voulait le suivre dans son infortune, et pour lui offrir une somme de 600 mille francs en or, *à quoi le roi répondit : « Je vous verrai avec plaisir à mon côté, et vous pouvez verser la somme offerte dans ma cassette. »* Aussitôt le personnage la remit à l'intendant, et partirent pour Gand.

De retour à Paris, Louis XVIII ne pensa plus au dévouement de ce personnage, qui se présentait de temps en temps à la cour : ce dernier, voyant l'indifférence de son roi, et pressé par des besoins journaliers, dût se résoudre à demander le remboursement de la somme prêtée et versée à la cassette royale ; à quoi le roi répondit que c'était à l'État qu'il devait adresser sa demande. Sur cette réponse évasive, Louis XVIII fut cité, et sa défense fut la même au tribunal de première instance, jugement qui le condamna au paiement avec intérêts. Appel : la Cour confirma le jugement de première instance ; pourvoi en cassation, la Cour le rejeta.

Que dire de cette politique, Monsieur le Français ? rien qui puisse justifier la bonne foi de Louis XVIII, et si je ne respectais sa demeure , je citerais d'autres faits de *haute ingratitude* , qui dévoileraient au public le peu de franchise et de loyauté qu'il mettait dans tous les actes administratifs.

Le Français.

Rien ne saurait justifier Bonaparte et Louis XVIII ; le premier, par son ambition , ayant porté les plus grandes atteintes à nos institutions ; le second, pour avoir suscité l'Europe à se liguer contre la France. Tous deux nous ont conduit au bord du précipice , et je ne vous parlerai plus de l'un ni de l'autre , parce que la France a été asservie par leur administration. La mort a mis une barrière à leurs destinées. Heureux seront les peuples qui liront avec réflexions les évènements et qui profiteront des leçons de l'expérience.

DOUZIÈME SCÈNE.

RÈGNE DE CHARLES X.

La Vérité.

Aujourd'hui , Monsieur le Français , vous êtes raisonnable, parce que les circonstances attiédissent la passion qui vous a dominé. Louis XVIII appelé à l'éternité, Charles X monta sur le trône de ses ancêtres, et la France, suivant l'impulsion de la nouveauté, se livra à des fêtes *politiques* Le nouveau monarque, touché de ce mouvement spontané, et croyant à la sincérité, promit d'améliorer les finances et d'encourager l'industrie et le commerce (paroles qui se retrouvent toujours dans la bouche de tous les princes, lors de leur avénement au pouvoir). Sur ces promesses royales, les peuples confient aveuglément les rênes du gouvernement, surtout ceux qui sont régis par des gouvernements représentatifs, laissant aux hommes d'état le soin d'instruire le prince sur ses droits politiques, *ou bien de lui tendre un piége pour renverser son autorité.*

Charles **X**, deux jours après son installation, par ordonnance du 29 septembre 1824, supprima la censure sur les journaux ; cette ordonnance fut reçue aux acclamations générales, l'enthousiasme national fut à son comble (le temps prouvera que cet acte fut sa perte). Charles X était animé du meilleur esprit, il voulait le bien de son peuple, il assurait le maintien de la charte constitutionnelle octroyée par son frère, défendant à ses ministres de porter une main sacrilége sur icelle, qui liait la nation au roi, et qui garantissait la *liberté politique* et *civile* des Français.

Charles **X**, désirant exécuter les sages desseins que son frère avait déjà conçus pendant son règne, fixa son sacre, pour renouveler le serment de garantie, pour les institutions que Louis XVIII avait octroyées. Voilà la première amélioration dans les finances qu'il proposa ; il faut cependant avouer que cet acte coincidait avec la religion de l'état, et avec la dignité d'un gouvernement qui se disait légitime. Pendant qu'on s'occupait des préparatifs de ce grand acte, on méditait déjà la déchéance de la branche aînée. Quoi! me permettre des conjectures et des prédictions, c'est attaquer nos révolutionnaires et les personnages intéressés : mais le temps les jugera....

Le Français.

Charles X avait promis de propager nos institutions, l'a-t-il fait ? Non, il a cherché an contraire à reprendre les rênes de l'absolutisme , en s'entourant des seuls personnages qui depuis 89 étaient les ennemis de la révolution. Après son sacre , il a cherché à endormir la nation par des belles paroles, mais aussitôt on lui connut des intentions non royales et non constitutionnelles , intentions desquelles il a eu à se repentir, ainsi que ceux qui les lui inspiraient.

La Vérité.

Qu'a-t-on à se plaindre de Charles X ? Si non que d'avoir suivi la politique de son frère Louis XVIII, et d'avoir maintenu dans les emplois les premiers ennemis de la légitimté. Si je me répète, c'est pour répondre au *paragraphe* de votre dernière réflexion, en disant que le monarque ne s'était entouré que des ennemis de la liberté; vous savez le contraire, Monsieur le Français, et vous ne pouvez nier ce fait, à moins que vous ne pensiez trouver en moi une âme timide, qui serait coupable de taire la vérité : tout en changeant de langage, vous annoncez un nouveau germe de révolution que je ne puis tolérer sans compromettre ma franchise et le repos de la France.

Le plus grand tort qu'on puisse adresser à Charles X, c'est celui de s'être endormi sur les flatteries de certains personnages qui étaient au pouvoir, et d'avoir toléré les diatribes de certains journalistes, qui préparaient la contre-révolution. Si la France et l'Europe ne les connaissaient, je les signalerais.....

Oui, Monsieur le Français, Charles X ne sût point arrêter le monopole électoral qui menaçait son trône. On se servit de tous les moyens pour recruter une majorité, de laquelle on disposa sans qu'il s'en doutât. Une fois que la majorité fut connue, une main inconnue lui inspira ou lui fit proposer les ordonnances de juillet 1830. Ces ordonnances ne firent que hâter la perte de la monarchie légitime : trois jours suffirent pour la renverser. Paris et les deux cent vingt-un de l'adresse, ont seuls donné à la France un nouveau gouvernement; l'armée se laissa vaincre sans doute, regrettant de faire couler le sang de ses frères; j'avoue qu'il y eut du mérite de sa part, en refusant d'exécuter à la lettre les ordres qu'on avait pu lui donner.

TREIZIÈME SCÈNE.

DU RÈGNE DE LOUIS - PHILIPPE.

Le Français.

Enfin, nous voilà délivré pour la troisième fois des Bourbons; les journées de juillet de 1830 feront époque; elles ont comblé les vœux des Français, qui se sont sacrifiés pour les institutions constitutionnelles, Oui, Madame la Vérité, malgré vos prévisions, l'absolutisme est vaincu; grâces à la garde nationale de Paris, la France aura un roi-citoyen, qui ne déviera point de nos principes. Philippe l'a promis; il faut espérer qu'il fera la félicité de son peuple. Pour y parvenir, il appréciera nos malheurs et les adoucira par une sage administration.

La charte qu'il a octroyée sera une vérité; elle nous fera respecter au-dehors, donnera de l'essort à notre industrie et maintiendra dans l'intérieur l'union et la tranquillité si nécessaires à la nation industrielle et agricole. Félicitons-nous d'avoir pour prince celui que les journées de juillet nous ont donné, et faisons des vœux pour sa prospérité et son bonheur. Je finis en vous assurant de toute ma considération pour vos dissertations politiques, et

complez qu'en tout temps je saurais les apprécier,
quoiqu'en opposition avec mes principes.

La Vérité.

Vous avez pu apercevoir dans mes dissertations,
Monsieur le Français, que je n'ai trouvé dans l'administration de Louis XVI, dans celle de Louis XVIII,
dans celle de Charles X et celle de Napoléon, ni franchise, ni caractère, ni persévérance de principe,
ni le talent nécessaire pour gouverner un grand
peuple ; mais bien dans les trois premiers monarques,
tiédeur, *apathie*, *faiblesse*, *variation* des principes et
ingratitude, et dans le quatrième, abus de pouvoir
et ambition sans bornes, changeant la gloire militaire en despotisme politique, renversant les lois et
détruisant les libertés de son pays, violant même
les droits de l'indépendance des nations.

Il eût été à désirer que l'avènement au trône du
roi-citoyen, que j'honore et respecte comme vous,
Monsieur le Français, eût donné le repos et la paix
à l'Europe. Philippe 1er qui, en octroyant avec quelques annotations la charte de 1814, a rétabli et
consacré les droits et libertés de la nation, était loin
de penser que les hommes qui le proclamèrent Roi
des Français, seraient les premiers à attaquer son
gouvernement et à conspirer contre lui. Vous avez
toujours vu, Monsieur le Français, que les chefs
des conspirations depuis 1830 ont appartenu à l'opposition révolutionnaire, et que la classe légiti-

miste, quoique écartée, méprisée et rayée des con-
trôles de la nation, ne sait jamais trouvée dans
les conspirations projetées contre le roi-citoyen.
Oui, depuis son avènement au trône de juillet, il a
dù, comme pilote, tenir la main au gouvernail du
vaisseau agité par la tempête des révolutions. Qu'a-t-il
pu faire? rien autre que tenir en respect, avec *quatre
cents mille baïonnettes,* une population de trente-trois
millions d'âmes, trop enclins à la nouveauté, et on
ne lui tient pas compte de cette sage prévoyance....

Je ne m'occuperai point des actes de son administration : à la France seule appartient le droit
de les analyser; quant à moi, je me borne à lui
obéir sans murmure... cependant je ne puis passer
en silence les effets de la révolution de juillet 1830.
Vous avez vu, Monsieur le Français, la propagande
s'élever au même instant et porter son premier bou-
clier de liberté à la Pologne pour l'insurger contre
son souverain, lui promettant tout appui, lui envoyant
des émissaires avec des proclamations et des instruc-
tions militaires : cette nation belliqueuse se rappelant la division de son territoire qu'elle suscita par
sa révolte aux premiers jours de la révolution française, se laissa encore persuader qu'elle pouvait avec
succès se déclarer indépendante. Engagée qu'elle
fut, elle se défendait aux cris de *Vive la liberté*,
contre les armes de son souverain; mais la force
numérique devait l'emporter sur son civisme. Au
moment où elle se vit enfoncée, elle envoya des com-

missaires auprès du gouvernement français, pour lui demander des secours en hommes et en argent. Qu'a-t-elle obtenu? rien autre que des banquets à l'honneur des armes polonaises, des places pour ses commissaires aux tribunes des deux chambres, des accolades royales et l'admission de ceux-ci à la table du roi-citoyen ; enfin, une souscription en faveur des armes polonaises, avec des tirades des vers propres à émouvoir la crédulité d'une nation compromise. Vous avouerez, Monsieur le Français, *qu'avec de pareils secours, la Pologne pouvait bien résister à une armée aguerrie composée de cent cinquante mille hommes dévoués à la patrie.*

Quelle fut la chance de cette lutte guerrière engagée aux cris de la liberté? la ruine de la Pologne, sa subjugation aux armes de son prince, des milliers de braves hors le combat, l'émigration de plusieurs familles compromises par un faux patriotisme, enfin, livrée à toutes les calamités d'une guerre intestine.

Ah ! peuples, pourquoi vous laissez-vous entraîner à des pareilles dissensions, sous le fantôme d'une liberté que vous ne connaissez que de nom ? Ne savez-vous pas que ceux qui vous prêchent la discorde, n'aspirent qu'à des emplois et qu'ils ne se servent de votre héroïsme que pour renverser les monarchies et pour monter eux-mêmes au pouvoir déchu ?

Si vous aviez suivi les évènements populaires depuis 89, vous auriez aperçu, comme moi, que la France a aujourd'hui un intérêt particulier à faire établir à ses alentours des gouvernements à l'instar de celui de juillet. Oui, un gouvernement représentatif est en harmonie avec notre civilisation, mais il est en pleine contradiction avec les autres gouvernements; à parler clair, la France ne devrait faire des lois que pour elle, laissant aux autres nations le même droit : alors la paix européenne ne serait jamais troublée.

Le même système de juillet voulait en septembre 1830 exercer la même influence en Angleterre comme en Pologne, et sans la prévoyance du gouvernement Anglais, qui fut en mesure de repousser la secousse de juillet, la révolution allait y faire des grands progrès, et déjà le roi et ses ministres avaient dû quitter Londres : l'armée anglaise, toujours brave et fidèle, déjoua en un instant les menées des anarchiste qui cherchaient à s'emparer du pouvoir.

Le même esprit porta la discorde en Belgique, pour y établir un gouvernement représentatif. Guillaume d'eut céder, parce que la France intervint directement; la Belgique fut donc séparée de la Hollande, et sans restituer à Guillaume les possessions qu'il avait données en échange. Que dire de la conduite de la France et de l'Angleterre, dans le démembrement de la Hollande? Rien qui puisse les mettre à l'abri du blâme. Par suite de ce démembrement, *Léopold* fut appelé au trône de la Belgique. Je ne me permettrai pas des réflexions, parce que la France en fit sa première cause.

Les mêmes révolutionnaires portèrent la même *pomme* de discorde en Italie.... si le torrent de juillet ne la submergée, elle le doit à l'approche des armées de Prusse et d'Allemagne, qui tinrent en respect les anarchistes : mais un grand nombre de familles furent ruinées et forcées de s'émigrer.

Le même système de révolte fut porté en Portugal, entre *don Pedro* et *don Miguel* ; la lutte fut sanglante, puisqu'elle emmena la guerre civile. Don Miguel était à la veille de dicter des lois comme souverain, sans le traité de la quadruple-alliance, que le grand apostat médita pour enrayer la légitimité.

Don Miguel, à la rectification de ce traité, crut à une intervention directe de la part des Anglais et des Français, ce qui le porta à abandonner les rochers de St.-Arem, défendus par des milliers de braves. Cette retraite fut digne d'un prince, qui préféra perdre le trône pour épargner le sang de ses sujets. Le même germe de discorde existe encore en Portugal sans la présence de don Miguel et sans son concours. Quand est-ce que cela finira?... lorsque la légitimité aura repris les rênes du gouvernement, et l'époque en est éloignée, à moins que les prophéties de Martin ne s'accomplissent, de ce dont je doute, parce que l'iniquité triomphe toujours.

Le même feu de discorde était allumé en Espagne. Des émissaires Français y parcouraient les provinces, y publiant les avantages des journées de juillet.

Les Espagnols fatigués de l'inquisition, et désirant une réforme dans toutes les administrations (réforme que j'ai cru de tous les temps nécessaire), se laissèrent persuader qu'ils pouvaient faire la révolution à l'instar de celle de France , sans faire couler du sang et sans s'exposer au calamités d'une guerre civile ; mais ils n'ont pas été si sages qu'ils le pensaient.

Ferdinand VII, qui se sentait dans l'impuissance de gouverner, entouré de quelques courtisans, qui, de longue main, le conduisaient au bord du précipice, flatté par Rénéval, ambassadeur de Philippe Ier, touché des larmes que la reine affectait de laisser couler au chevet de son lit, et que Rénéval arrêtait par des discours *d'estime*, de *considération* et de diplomatie , attendri par le tableau original des ses deux filles, qu'on lui présentait au moment de ses cruelles souffrances , se laissa aisément persuader que, dans l'intérêt de la religion et du trône, il devait prévenir les incertitudes dont on entourait son gouvernement, relativement à la succession héréditaire de la couronne. En conséqueuce, Ferdinand VII cédant au vœu de la camarilla, et rejetant les observations de son conseil sur le décret du 29 mars 1830, par lequel il avait ordonné la publication de la pragmatique-sanction de la loi 2, titre 15, partie 2, confirma sa première pensée et son testament, ordonnant de faire publier sa volonté et de la communiquer officiellement à son frère Charles V.

La notification de cette déclaration royale fut

faite par Cordova à don Carlos V, et voici quelle fut
sa réponse :

« Mi muy querido hermano y rey ;

»Tu ministro en esta corte, Cordova, me dio à leer
» el oficio : despues de leerlo, le dije, que mi digui-
» dad, y mi caracter, no me permetian responderle,
» sino directamente : que tu eras mi rey y mi senhor,
» y a de mas mi hermano, tan querido siempre y a,
» quien tenia el gusto de haber acompanhado en
« todas sus disgracias.

» Deseas saber si tengo ò no intencion de jurar à
» tu hija por princesa de Asturias. Quanto descaria
» poderlo hacer, debes creerme, puis que me conoces,
» que hablo con el corazou ; que el major gusto que
» pudiera tene, seria el de jurar el prinero, y no
» darte este disgusto, y los que de el resulten : pero
» mi conicencia y mi honor no me le permiten ; tengo
» unos derechos legitinos, que no puede prescindir
» de ellos, derechos que dios me hadado, quando fue
» su voluntad que yo naciese, que solo dios me los
» puede quitar, concediendote un hijo varon, que
» tanto desco yo puede ser que a un mas que tu ; ade-
» mas en ello defiendo la justici del derecho, que
» tienen todos los llamados despues que yo, y asi me
» veo en la precision de cuviarte la adjunta declara-
» cion, que te hago con la mayor formalidad, y a
» todos los soberanos, à quienes espero se la haras
» comunicar.

» A dios, mi querido hermano, no dudes sera

» siempre tuyo, te querra siempre y te encomendara
» en sus oraciones tu afectissimo hermano Carlos. »

DÉCLARATION.

» Ye Carlos Maria–Isidro de Borbou y Borbon,
» infante de Espanha, hallandome bien convencido de
» los legitimos derechos que me asisten a la corona
» de Espanho, siempre que sobreviviendo à V. M., no
» deje hijo varon : digo que mi conciencia y mi honor
» no me permiten jurar, ni reconocer otros derechos,
» y asi lo declaro.

» Senhor a los reales pies de V. M. su amantissimo
» hermano y fiel vassallo.

» El Infante D. CARLOS DE BORBON Y BORBON.

» En el palacio de Ramalho. »

Les monarques , à qui la protestation de don Carlos
fut notifiée, protestèrent à leur tour contre le décret
d'abrogation de la loi salique, publié le 29 mars 1830,
et contre toute antre déclaration ou confirmation; on
dit même que Louis-Philippe Ier fut du nombre : il
me reste à le croire....... Que dire de plus précis.....
le temps l'expliquera.......
Cette protestation affligea et consterna la cour, et
plus particulièrement la reine, qui, instruite par ses
confidents de la situation de l'Espagne, fut la première à conseiller au roi de faire un arrangement
avec don Carlos. Le comte de Alcudia fut chargé de

cette négociation. Ce royaliste, qui jamais n'avait voulu méconnaître les droits de don Carlos, accepta la mission, quoiqu'elle ne fût pas en harmonie avec ses convictions, et cela, pour ne pas affliger le roi au lit de mort. En effet, le 14 septembre 1832, le comte de Alcudia se présenta chez don Carlos, pour entrer en pourparlers sur l'objet de sa mission, consistant à lui faire accepter, ou les fonctions de conseiller de la reine, ou une partie de la régence pendant la vie du roi et même après la mort de celui-ci, et que le désir de S M. était que son fils se mariât avec l'infante Elisabeth II. Don Carlos fut obligé de s'expliquer, et voici sa réponse :

« Que no podia suscrivir à semejant proposicion,
» que se dirigia nada menos, que a la coaccion de
» abandonar sus derechos, los de sus hijos y los, de los
» demas individuos de su familia à la corona d'Es-
» panha.

« El conde de Alcudia le dijo, que su denegacion
» esponia al pais a los peligros de una guerra civil,
» cujos resultados no era posible de calcular, para
» evitarlos (respondio el principe) estoy resuelto a
» defender mis derechos, y a hacer un llamamiento a
» la nacion, que se apresurara a responderme perque
» esta convencida como jo, de que mi hermano no
» esta autorisado para destruir una ley fundamental
» del estado, que juro observar a su advenimiento al
» trono : todo el cuerpo diplomatico participo de esta

» conviccion, **y** si en caso de llamar dios a si mi
» augusto hermano, se tratase de hacer valer las pre-
» tenciones de mi sobrina, yo por mi parte sostendria
» mis derechos, y la lucha no podria ser *dudosa*. »

Le comte de Alcudia fut chez le roi pour lui faire part de la résolution de son frère, et la reine, qui s'y trouvait, appela à part le comte, pour le prier de lui dire, ce qu'elle devait faire pour prévenir les événements qui allaient se présenter; le ministre lui répondit qu'ayant été absent pendant 13 ans, il ne pouvait lui donner aucun conseil dans de si graves circonstances. La reine insista, mais le ministre se soutint dans sa première résolution. Alors la reine comprenant toute la force de la délicatesse du comte, fut dire au roi qu'elle approuverait tout ce qu'il ferait :

« El rey queda encantado, al encontrar en su esposa,
» unos sentiementos tan conformes à los sujos :
» conocia muy bien el estado de su salud, las ideas
» religiosas herian vivamente su conciencia agitada
» por los remordimientos; se presentaba a su imagi-
» nacion, el horroso cuadro de las disgracias que su
» muerte a Carreria a la Espanha, y temiendo que la
« quo la divina justicia le hiciese cargo de la sangre
» que se derramasse por su causa, se decidio a anular
» el decreto de derogacion que habia espedido en
» 1830, y a corrigir su testamento, en el que nom—
« braba a su esposa gobernadora del reino : S. M.
» hizo blamar al conde de Alcudia, y le mando que
» redactase el decreto de desaprobation ; a quel espuso

» al rey , que la espedicion de este decreto, no en-
» traba en las atribuciones de su ministerio , y que
» era propia del de gracia y justicia : S. M. encargo
» entonces al mismo conde de Alcudia , ordenara de
» su parte à Colomarde que le espediese al instante ,
» pero encargando particularmente , que se tuviese
» secreto para todos , y un para los otros ministros
» hastas despues de su muerte ; el conde de Alcudia ,
» hizo presente à S. M. , que si un decreto de esta
» importancia no estaba revestido de todas las forma-
» lidades legales , podria servir de presto a los ene-
» migos del estado , para poner en duda su autencidad
» dandoles pabulo para sostener que la voluntad del
» rey habia sido sos prendida y enganhada su religion ;
» y que asi era preciso que esta nueva determination
» de S. M. fuese communicada al consejo de ministros,
» y sancionada a su presencia ; a este ifecto el rey
» fijo a las scis de la tarda la reunion del gabinete en
» su proprio quarto.

» El conde de Alcudia paso immediamente a la
» secretaria , en donde los ministros se hallaban en
» sesion permanente, desde la enfermedad del rey ,
» les dio parte de las ultimas intenciones de S. S. M. M.
» ninguno de los presentes manifesto la mas minima
» oposicion.

» El senhor Calomarde entomes tomo la pluma y
» redacto el rescripto real en estos terminos ; descando
» dar a mi peuplo una preuba del afecto que le profeso,
» he juzgado a proposito derogar la ley II , titre XV,

» partida II , sobra la succession a la corona y todas
» las clausulas de mi testamente , que pendem ser
» contrarias a esta mi ultima determination , mando
» que este decreto quedo depositado en el ministerio de
» gracia y de justicia , hostas despues de mi muerte.
» Tendries lo entendido y cuidareis de su ejucucion :
» dado en San Ildefonso a 18 de setiembre de 1832. »

M. de Calomarde, en présence des ministres qui
entouraient le lit de S. M., donna lecture du décret
du 18 septembre 1832, et le roi l'ayant approuvé,
la reine lui présenta la plume pour le signer, ce qu'il
fit aussitôt en présence desdits ministres et autres
grands personnages, et de suite il le remit à Calomarde,
pour le garder jusques à sa mort.

S. M. fixant les ministres et s'apercevant que celui de
la guerre était absent, demanda où il était (ce qui prouve
qu'elle était dans toutes ses connaissances). Calomarde
lui répondit qu'il manquait à Madrid depuis deux
jours , pour se mettre à la tête des troupes , pour
comprimer et arrêter les émeutes que les circonstances
pourraient occasionner.

De suite le conseil des ministres expédia un cour-
rier au ministre de la guerre, pour le prévenir des
dernières intentions de S. M. , avec ordre de les faire
exécuter aussitôt après sa mort.

M. de Calormade , pour mettre à couvert sa res-
ponsabilité, adressa officiellement l'original du
décret du 18 septembre 1832 au président du cou-

seil de Castille, avec ordre de ne le faire enre-
gistrer que lorsqu'on lui en donnerait l'avis.

Dès ce moment, le roi parut plus tranquille, et
le lendemain, donnant la main à M. de Calomarde :
» Que peso tan enorme me he sacado de encima del
» corazon, a hora morire con tranquillidad :..... esta
» resolucion que evitaba todos los aboratos, manti—
» niendo el orden de succesion tal como habia sido
» instituido desde su origen, recibio la aprobation de
» todo el cueapo diplomatico, y el mismo conde de
» Reneval, se monstro su mas zeloso partidario :
  » Que contradiccion se cuentra, en los actos del
» gobierno d'Espanha ! una ves blanco, y otra negre :
» que su percheria han manifestado, los que radea-
» ban lo lecho de la muerte de Fernando VII! que
» mal han causado a l'Espanha, las ideas de la fac-
» cion; que se apodera de la reina y de la augusta
» infante; que tragedia en tres actos presentada a la
» Europa ! Quienes son los resultados de esta sajgnete ?
» La guerre civil, que se proclama el dia de reco-
» nocimiento de Elizabet II : que pensar de un tal
» manejo.... el tiempo le dira, dire para mi.... sola-
» mente que mi patria tiene interes al establiciemiento
» de gobiernos representativos, y que los principes
» que llegan al trono, por una falsa interpretacion
» de la ley, se exponen a una caducidad popular ; en
» Francia desde 1789, tenesmos varios exemplos de
» esto modo de obrar, y las circonstancias ne afreceran
» otros en Europa, antes el primero de 1842 : deseo

» que mis prediciones ne se cumplen , por que toda
» innovacion da nuevas calamidades , y entomes
» l'orden publico y la pax desaparecen du sus tronos.»

La reine Christine, avec le concours de ses plus fidèles partisans, après la mort de Ferdinand VII, profitant de l'aveuglement sous lequel vivent les peuples d'un gouvernement absolu, se hâta de faire proclamer l'innocente Elisabeth II, reine d'Espagne et des Indes. O jour mémorable! ò jour infortuné, qui fournit matière à des dissentions politiques! Le peuple, qui s'était livré à des démonstrations de joie sur l'avénement au trône de l'infante Elisabeth II, se crut aussitôt en droit de réclamer contre les abus de l'inquisition et autres. Si son ambition se fut bornée là, il pouvait tout obtenir par l'obéissance et la bonne harmonie; mais poussé par les hommes qui aspiraient au pouvoir, il se porta quelques temps après à La Grange, pour présenter à la reine gouvernante la constitution, la sommant de la signer et de la faire exécuter. La reine, quoique déjà elle eût donné l'espérance ou la certitude de réviser les lois du gouvernement, la signa sans réplique , sans doute pour se soustraire à la mort. Cet acte violent se passa en présence de Rénéval, ambassadeur de Philippe Ier. Cette vérité ne manquera pas d'être incriminée par ceux qui rédigèrent la constitution : mais rien ne peut détruire la réalité des faits qui se sont passés en présence du corps diplomatique.

Je puis vous dire, Monsieur le Français, que la reine gouvernante n'avait pas le droit de souscrire à cette exigence populaire; car, d'après le testament de Ferdinand VII, elle devait administrer la couronne pendant la minorité de sa fille Elisabeth II, en vertu et d'après les statuts qui existaient avant la mort de son défunt mari.

Tout acte contraire à ces statuts est nul, et à la majorité d'Elisabeth II, celle-ci peut s'en dégager. Voyez donc, Monsieur le Français, dans quelle incertitude sera l'Espagne pendant la minorité de la reine : il est vrai, comme je le pense, la révolution commencée fera des grands progrès, et je doute que l'innocente Elisabeth II puisse prendre une attitude différente au système révolutionnaire, qui, depuis 1800, décime l'Espagne. Faisons des vœux à la providence pour qu'elle la couvre de son manteau et la délivre *de la maladie de Louis XVII, qui termina sa carrière sans régner.*

« La exercito Espanhola en el tiempo de la guerra
» de sucesion de 1808 à 1818, por su valor y resis-
» tencia a la infamia del usurpador (Napoleon), se
» a cubierto de gloria, y las naciones de la *Europea,*
» reconociendo los drechos de l'Espanha, la aclamaren,
» la nacion mas *heroica de la Peninsula :*

» Hoy, la pacification diario, que la misme exer-
» cito, a Alcansado, por la trahicion del infame
» Maroto, con el dinero estrangero, no a obtenido

» el consentimento, que de la Francia y Inglaterra :
» estas dos potencias no han concluido el tratado de
» la quadrupla alianza, que por sus fines : la una de
» resuelta de la revolucion de julio 1830, y l'otra con
» la intencion de apoderase del comercio d'Espanha,
» lo que a Alcanzado sin dificultad, attento que de
» una mano a su ministrado a la Espanha un cuerpo
» de milicia contra los facciosos, y de l'otra a tambien
» su administrado, a estos, canones, fusiles, y todo
» el material de guerra :

» A un que, esta conducta, sea conocida de todo el
» mundo, los interesados no dicen nada, y hacen todos
» los sacrificios, para sostener una alianza fingida,
» que, tontaria! que flaquesa! se encontren dentro
» los gobiernos instituidos por la revolucion.

» Espanholes, y militares, que a beix tomado las
» armas bajo el nombre de libertad sin conocer la,
» faltan de hombres destado para conducir la revolu-
» cion, a exemplo de la Francia, y ciegos como
» los demas pueblos, a detrimento de los heroes sin
» nombre, no a beix decorado de honores y dignidades,
» que un hombre, sin otro merito, que de aber sido
» l'instrumento del tratado de Bergara, meditado y
» auciliado por los estrangeros: tratado, que las
» cortes del *Norte* sentencian, y reproban; con el
» tiempo voreix lo demas: se experimento, que
» l'Espanha anda sobre un lienzo de aranha :

» Espanholes, de todas las clasas escuchan, un
» Frances desinteresado, qua vos anoncia, que la

» politica de *vuestro aliados*, consisto a obtenir la mano
» de la *inocente* Elizabet II, para *un principe , de sus*
» *familias reales:* si por disgracia, uno cumple sus
» deos, l'Espanha pierde su nombre y cerra sus
» fabricas : entonces tendreix la guerra con l'otro :
» para redimirse de estos peligros, y para conservar
» la dignitad de l'Espanha , decando de lado las opi-
» niones, que l'inocente Elizabet II, contrac matri-
» monio con un principe de sa reino, y reformando
» todas las administraciones y justicias, por una
» nueva constitution, puesque la de 1857 no exista
» que de nombre, por *se guida de del tratado de*
» *Bergara:* entonces la Espanha guardera sa fila,
» dentro las potencias de Europea, sagrara tambien
» su felicitad, una pax verdadera, y permanente ;
» del contrarion, una valle de lagrimas, de calami-
» dades, y el trono de l'Anorquia y licencia, etc. »

Voilà, Monsieur le Français, la pomme de discorde jetée en Espagne. Les deux partis carlistes et
christinos courent aux armes, et, sans rien respecter, se livrent à la guerre civile comme des antro-
pophages destructeurs du genre humain. Quand est-
ce que cette lutte se terminera ? Je réponds: quand
la population sera réduite à un tiers, à moins que
les puissances Européennes n'interviennent en con-
grès, pour assigner à l'Espagne tel ou tel autre
souverain. Mais l'époque est éloignée, les princes
ne pensant qu'à se maintenir, la propagande faisant

des progrès dans leurs états. Oui, Monsieur le Français, pour achever cette cause infernale, pour ne pas dire réaction de légitimité, *le grand apostat Talleyrand* médita le traité de la quadruple-alliance, pour donner sans doute plus de considération à la révolution *de juillet*, et pour couvrir la politique du gouvernement Français qui, à la mort de Ferdinand VII, ne jugea pas à propos d'intervenir directement, mais bien de faire une guerre de surveillance contre les défenseurs de la légitimité.

Oui, Monsieur le Français, à la ratification du traité de la quadruple-alliance, les deux partis furent en émoi : l'un comptait sur des secours et l'autre désespérait de sa cause. Le temps ayant prouvé aux deux partis que ce traité n'était qu'un fantôme pour relever le moral de l'un et affaiblir celui de l'autre, aussi ceux-ci se livrèrent aux plus atroces calomnies contre le cabinet Français (1), et continuèrent les hostilités avec plus d'acharnement, pour ne pas dire les assassinats, les pillages, les extorsions et les incendies.

Si on ne connaissait l'esprit Espagnol, je pourrais me livrer à une dissertation, qui, peut-être encore, serait désapprouvée par les hauts fonctionnaires ; mais je me contenterai d'observer que, sur une population de onze millions d'habitans, quatre au plus forment le gouvernement de fait, qui tiennent en respect

______

(1) *Voy*. Lico de l'Aragon et le restaurador de Catalogne.

le restant de la population qui partage des principes tout-à-fait opposés : ceci est avéré par les mêmes Espagnols, qui ne sont point au ratelier du gouvernement : ce même système se retrouve chez d'autres nations de l'Europe. Nous pouvons donc dire que les gouvernements ainsi institués, ne sont pas nationaux et qu'ils sont toujours exposés à des émeutes populaires.

Eh bien! habitants de l'Europe, si vous désirez vivre en paix, apprenez que le peuple est toujours la dupe des grands, qui se servent de tous les ressorts pour lui faire faire des révolutions à leur profit. Mettez-vous donc en garde contre les promesses qu'on vous ferait pour vous séduire. Livrez-vous aux soins de votre industrie, et vous en retirerez un meilleur fruit que d'écouter ces hommes mercenaires, qui cherchent à vivre au grand détriment de leur voisin.

Comme on pourrait encore vous tenir le langage flatteur des révolutions, en vous annonçant les avantages des gouvernements représentatifs, je passe à vous donner un second dialogue sur le monopole électoral de ces mêmes gouvernements, et si vous le lisez avec réflexion, vous verrez que le système n'est que chimère, pour ne pas dire autre chose : le temps justifiera ma prévision.

DIALOGUE

ENTRE

l'Electeur et les Candidats du Ministère et de l'opposition.

⁂

Le Candidat ministériel représenté par MM. les Préfets et autres fonctionnaires.

⁂

Le Préfet.

Bonjour, Monsieur le Maire et Electeur en même temps.

Le Maire.

Bonjour, Monsieur le Préfet, je ne me serais jamais attendu pour la première fois à une visite aussi honorable par un temps aussi mauvais.

Le Préfet.

Le désir de connaître mes administrés m'a fait affronter tous les dangers de la saison : je tenais à faire votre connaissance personnelle (1).

(1) Il faut le dire, M. le Préfet, dans sa tournée, ne sait nullement occupé de son administration : il n'a vu que les électeurs.

Le Maire.

Je suis trop flatté des sentiments de considération que vous me prodiguez dans cette circonstance : comptez que mes vœux ne tendent qu'à la prospérité du gouvernement et à votre bonheur.

Le Préfet.

Je crois à la sincérité de vos expressions , d'autant que votre réputation est connue dans mon *département* : ses considérations me permettent de vous présenter, avec confiance, le candidat ministériel , homme intègre, dont le nom est connu dans votre arrondissement , et qui , en toute occasion , saura apprécier ce que vous aurez fait pour lui. Je vous le recommande donc , comme Préfet , et je dois encore vous dire que le gouvernement tient à sa nomination sous plusieurs rapports.

Le Candidat.

Je suis enchanté , M. le Maire, de faire votre connaissance : le physique me fait tout espérer, et les renseignements que M. le Préfet m'a donnés sur votre compte ne se démentiront pas. Je tiens à être nommé dans votre arrondissement , soit parce que je désire le représenter, pour le faire jouir des avantages qu'il n'a pu obtenir, soit parce que le gouvernement veut ma nomination , dans l'intérêt de la nation et dans celui de votre pays, qui , entre nous soit dit , a été oublié. Je n'entends pas vous dire

que vous ayez été mal représenté ; vous savez que
tous les hommes ne sont pas nés pour ramper auprès des autorités. Quant à moi , rien ne me coû-
tera : fatigues, sacrifices et importunités ne seront
jamais comptés , lorsqu'il s'agira de l'intérêt de mes
commettants et de la félicité de ma patrie. Si je suis
honoré de leur confiance , adressez-moi vos récla-
mations , et je ne pense pas que , comme homme du
gouvernement , on puisse tout me refuser.

Le Maire.

C'est la première fois que je trouve de la franchise
chez un candidat : il serait à désirer que les mêmes
sentiments se retrouvâssent chez tous vos collègues ,
alors la France serait bien représentée et aurait tout
à espérer de la munificence du gouvernement.

Je ne dois pas vous laisser ignorer qu'aux approches
des élections les mêmes promesses sont reproduites ;
cependant, d'après vous et le ministre, l'arrondissement n'a rien obtenu. A qui en est la faute ? Est-ce
au député trop occupé de ses intérêts et de remplir ses
promesses particulières , ou bien au ministère , qui,
appliquant les fonds du budget à toute autre destina-
tion....., ne peut penser aux besoins de l'arrondissement? Je ne pense pas qu'à l'avenir il en soit ainsi.

Le Préfet.

M. le Candidat est animé du meilleur esprit pour
votre arrondissement , et s'il est honoré de sa con-

fiance , ses intérêts ne seront point négligés. Pour ce qui me concerne, je ferai tout pour concourir à son bien - être ; adressez-moi vos demandes particulières , et vous n'aurez point à vous repentir d'avoir servi le gouvernement, qui n'a en vue que la prospérité de la France , et en se consolidant , par une forte majorité , que le repos et la tranquillité réclament pour lui , il déjouera les manœuvres républicaines que vous condamnez comme lui.

Le Maire.

Le Candidat me paraît porté à faire le bien de l'arrondissement , du moins s'il faut l'en croire. Comme homme de cabinet, sans qu'il puisse affronter la tribune , à l'instar de nos grands orateurs , je pense qu'il pourrait exposer nos besoins , et, à cette considération, il peut obtenir des suffrages.

Le Préfet.

Il ne faut pas , M. le Maire , éluder davantage si vous tenez à représenter le gouvernement. Vous devez vous expliquer sur la candidature qu'il vous présente. Désirez-vous en particulier quelque chose, dites-le moi avec franchise et sans détours : je vous offre mon concours , soit pour une justice de paix, soit pour une perception avec recette particulière, soit pour une demi-bourse ; enfin, si vous avez quelque parent de haut mérite, je le présenterai pour l'emploi qu'il croira pouvoir remplir, et ma recommandation ne sera pas sans fruit.

Le Maire.

A vous parler franchement , je ne tiens pas à l'écharpe , je vous l'offre , vous pouvez en décorer celui dont l'âme soit plus *orgueilleuse* et plus *vénale ;* je sens qu'avec l'écharpe vous pouvez tout obtenir auprès des trois quarts des électeurs. M. le Préfet, je suis né indépendant , j'ai vécu dans l'indépendance et je veux y mourir. Toutes les faveurs qu'on pourrait m'offrir ne me feraient point dévier de mes principes, d'autant que la révolution de juillet ayant institué un gouvernement représentatif, et redonnant, s'il est vrai , la liberté que je ne connais que de nom , je veux jouir de toutes ces prérogatives ; si le gouvernement cherchait à me comprimer dans mon vote , alors je dirais , sans ménagement , qu'il s'achemine vers l'absolutisme , et que son institution n'est pas représentative , mais bien chimère....

Le Préfet.

Vous jugez mal le gouvernement : la charte sera toujours sa boussole et aucune considération ne saurait le porter à la violer. Agissez , Monsieur le Maire , comme vous l'entendrez : de mon côté j'instruirai le ministre de votre résolution. Maintenant je me borne à vous demander de ne point contrarier le candidat par vos conseils.

Le Maire.

Je tiens trop à mon indépendance pour me permettre d'influencer les électeurs : soyez rassuré....

Le Candidat.

Je ne me serais jamais attendu à des pareilles réflexions de votre part, et le gouvernement serait bien malheureux s'il avait à faire à vous seul; je me retire, emportant les regrets de vous avoir si long-temps entretenu.

Le Maire.

Si je me rends aux élections, je verrai ce qu'il conviendra de faire dans l'intérêt de la nation, mais j'entends jouir de toute ma liberté.

CANDIDATURE DE L'OPPOSITION.

Le Candidat.

Bonjour, Monsieur le Maire et Electeur.

Le Maire.

Je vous salue, à qui ai-je l'honneur de parler?

Le Candidat.

Au candidat de l'opposition, et sous les auspices de son comité de Paris. Je me présente à la candidature de votre arrondissement: j'ose me promettre

que **MM.** les Electeurs connaîtront dans ce moment
le besoin de se réunir, pour former une forte majorité dans la chambre des députés, qui, seule, doit
arrêter le gouvernement dans ces dispositions, qui
ne tendent qu'à nous reconduire dans l'esclavage.
S'il en était autrement, nos institutions courent le
plus grand danger et la France se serait en vain
sacrifiée pour les conquérir.

Le Maire.

Je partage comme vous le même système, mais
je ne voudrais point que l'opposition obtint une
grande majorité, parce que les hommes qui forment
le comité pourraient fort bien s'en servir pour renverser le gouvernement de juillet, à l'instar de ce que firent
les deux cent vingt-et-un de l'adresse à Charles X,
dont ils faisaient eux-mêmes partie. Etant l'ennemi des
changements, je veux me tenir sur mes gardes ; je
ne dois pas vous dissimuler que le gouvernement
aura toujours la majorité, quand même il ne l'ob-
tiendrait point par les élections. Vous connaissez
mieux que moi les manœuvres qu'on emploie auprès
des députés, qui savent fort bien fléchir et se ranger
du côté des ministres. Ceux qui président au comité
de l'opposition seront les premiers à se démancher....

Le Candidat.

Parmi les députés, il y en a qui peuvent sacrifier
l'intérêt général pour l'intérêt particulier ; les choses
sont poussées à l'extrême, pour penser qu'il en soit

de même de là à la nouvelle session : ainsi donc, Monsieur le Maire, accordez-moi votre confiance, et au nom de l'opposition, je serais le défenseur de votre arrondissement, si j'obtiens de lui l'honneur de le représenter; à mon particulier, je ferais pour vous tout ce qui pourra vous être agréable.

Le Maire.

Il parait que vous tenez à la candidature de l'arrondissement, et comme les orateurs de l'opposition désirent monter au pouvoir, et que pour y parvenir ils se livrent à toutes sortes de bassesses ; je croirais impolitique de m'afficher pour eux ; au demeurant, je veux jouir de la liberté par eux proclamée à l'époque du renversement du gouvernement de Charles X.

Si j'étais animé de l'esprit de certains députés qui vendent leur vote au ministère pour des honneurs et des places, je mettrais le mien aux enchères et pour du comptant, et non pour des promesses qu'on veut remplir avec des places du gouvernement. Quel monopole exerce-t-on sous un gouvernement représentatif ? Il faut convenir que si ces manœuvres scandaleuses continuaient, le gouvernement serait exposé à des secousses journalières qui, plus tard, pourraient emmener des nouvelles journées de juillet, ce qui n'est point à désirer et que nous devons éviter.

Le Candidat.

Vous insultez la dignité et les principes de l'opposition, pour laquelle toute la France est en mouvement. Je me retire, et par considération, je tairai les invectives que vous lui adressés.

Le Maire.

En disant la vérité, on n'a à craindre ni la vindicte publique, ni de compromettre son honneur ; dites au comité que je suis indépendant et que je veux jouir de la liberté que l'opposition a bien voulu donner à la France, pour avoir le prétexte de renverser la branche aînée : Vive la liberté, à bas les monopoleurs ; Vive Philippe Ier, roi des Français.

CONCLUSIONS.

Habitants de l'Europe! lorsque l'orateur romain terminait ses discours, son art était de réserver pour la péroraison les traits les plus frappants et de les revêtir de toute l'énergie et de tous les charmes de son élocution : son but était d'émouvoir pour convaincre ; le mien, comme témoin des événements qui se sont succédés depuis 89, est de persuader que les révolutions n'amènent avec elles que des combats meurtriers, des séditions criminelles, des défections et des trahisons, dont le prix est toujours (l'or) des guerres civiles, souvent soutenues par des *étrangers* ; des guerres étrangères, des victoires et des revers ; des nations liguées contre la voisine et la lointaine ; les titres de naissance et de richesse devenus des crimes de proscription, et le plus souvent la mort de l'innocent (partage des vertus) ; des délateurs non moins odieux par leurs récompenses que par leurs forfaits, se partageaient comme des dépouilles, les uns les emplois de l'intérieur, d'autres les commande-

ments au dehors. La force , je dis la puissance, bou-
leversant tout, armant la haine ou l'imbécillité contre ses anciens chefs ; *des princes mis à mort sans
autre crime que faiblesse et bonté;* des mères accom-
pagnant la fuite de leurs enfants pour les soutraire à
la mort ; des femmes partageant l'exil de leurs époux;
des proscrits trouvant du courage dans leurs proches ;
des serviteurs conserver leur fidélité au milieu des
supplices ; des grands condamnés à mourir sur l'échafaud, subissant avec intrépidité leur arrêt après avoir
soutenu de grandes adversités, aussi stoïquement
que les sages d'ancien temps.....

Voilà le fruit des révolutions: les conspirateurs
vous les présentent sous des avantages qui ne se réa-
lisent jamais. Vous l'avez vu, c'est toujours au nom
de la liberté qu'on vous fait lever contre vos souverains. Eh bien ! quel avantage en avez-vous tiré? si
non, que la misère, la mort et toutes les contrariétés
amenées par les dissentions civiles. Et pourquoi
vous laisseriez-vous bercer encore en espérances,
lorsque vous avez été victime des scènes révolutionnaires? On vous parlera encore des nouvelles guerres,
on vous proposera même de vous lever contre certains princes de l'Orient, comme seul remède pour
obtenir la paix et une réforme dans vos administration. Des levées et des armements en tout genre se
feront pour vous y faire croire, et l'épée restera dans
le fourreau. Les amis de Méhémet-Ali se porteront
médiateurs de crainte d'être entraînés avec la cause

de ce dernier. J'abonde dans cette sage prévoyance, et je désire pouvoir me féliciter de l'avoir prévue.

Songez donc à votre tranquillité et prospérité, qui seraient toujours en danger par la continuation des guerres. Rejetez les insinuations de ces hommes perdus *en réputation*, je veux dire démoralisés, cherchant à monter au pouvoir. Oui, *vous verrez en Europe des princes qui, à l'aspect de tous les préparatifs de guerre, chercheront à fortifier les lieux de leur résidence, qui, sous les grands rois que nous comptons depuis Clovis, ont toujours été ouverts.....*

Comme je vous ai parlé de défections et de trahisons, je dois vous entretenir un instant sur les événements de septembre 1839, et si vous vous y arrêtez sans passion, ils vous apprendront à vous méfier de la protestation de fidélité des hommes qui sont au pouvoir.

Que dirons-nous d'Espartero, le duc de la Victoire, aïeux des christinos, et de Maroto, l'infâme traître aux yeux de l'Europe? rien de satisfaisant. Espartero, qui, général en chef d'un gouvernement de fait, possesseur des places de guerre et des ports de mer, soutenu par la France et l'Angleterre, commandant une armée de quatre-vingt mille *braves*, n'a su ni soumettre, ni pacifier les provinces Vascongades : lui, qui le plus souvent, pour ne pas dire toujours, avec des forces plus que supérieures, a été complètement battu par les prétendus factieux : lui qui, pour couvrir sa honte, pour ne pas dire autre chose, et pour s'attirer à lui seul tous les honneurs et toute la gloire au détriment de ses frères d'armes, plus braves et plus expérimentés que lui. a dû faire jouer les ressorts de la supercherie pour se maintenir dans les bonnes graces de son parti. Mais l'Europe qui l'a suivi dans ses exploits, saura apprécier sa bravoure et son habileté et lui décerner la couronne qu'il mérite.....

Maroto gagné par les intrigues du parti étranger, cédant aux insinuations des hauts personnages, *qui se croient invisibles*, a démérité de sa patrie. Maroto, le seul traître qu'on compte dans la seconde guerre de succession, qui dure depuis six ans, aspirant seulement à la récompense due à la trahison (l'or), a vendu au lâche Espartero, son roi, sa famille, l'armée et le pays.

Cette trahison, dont on ne trouve pas d'exemples, a été combinée par des étrangers qui ont tout fait pour faire rentrer le traître dans les bonnes graces de don Carlos. L'histoire en rappellera toutes les circonstances, et ces vils et méprisables étrangers y seront désignés sous les couleurs qui leur sont dues.

Il faut convenir que les assassinats d'Estella ont porté un coup terrible au parti de Charles V : ils ont emmené dans les rangs de l'une de ses armées une réaction facile à prévoir : réaction que le juste-milieu cherche à défendre, pour mettre à couvert la perfidie de tous ceux qui en ont été les principaux moteurs... Le perfide Maroto, pour mieux tromper son roi, à

qui il avait juré fidélité, lui fesait part de ses entre-
vues avec Espartero. Celui-ci dans sa *correspondance
simulée* et tracée par les étrangers qui le faisaient
agir, proposait de mettre un terme à la guerre civile,
en mariant le prince d'Asturies avec l'innocente Elisabeth II, tandis qu'il traitait avec Maroto la remise
de don Carlos et de sa famille. Que répondait l'hypocrite et méchant traître? Lisez le paragraphe inséré
dans la proclamation qu'il se vit forcé d'adresser à son
armée, à l'instar de celle du vaillant et fidèle le
compte de Morella. « Vous voyez, disait-il, le rebelle
» Espartero, détruire lui même à *Armurio* et à *Arci-
» niéga* tout ce qui peut offrir quelque satisfaction
» à sa rage inhumaine; au milieu de telles atroci-
» tés, des misérables intrigants ne craignent pas
» de répandre des bruits de transaction. Il ne saurait
» jamais y avoir de transaction entre deux partis de
» principes opposés. Que notre devise soit constam—
» ment le roi et la religion, et triompher ou mourir
» les armes à la main. »

L'indigne successeur de Zumalacarregui ne pouvant
procurer aux provinces du nord cette paix dont il
les berçait si vainement depuis sa rentrée en Espagne,
et qu'il pouvait la leur donner *avec les héros qu'il
fit arbitrairement fusiller*, a voulu la leur faire
obtenir au dépens de l'honneur et des principes, et
pour livrer son roi, il s'est adressé aux Anglais,
sous les auspices d'une main qui ne convient point
de désigner....

Oui, la providence l'arrêta sous un tel point, vous l'avez vu.... tremblez donc conspirateurs, traîtres révolutionnaires, la main de Dieu vous suit de *loin en loin*, et sous peu vous recevrez la punition qui vous est due.

La même intrigue allait visiter le camp de l'intrépide Cabrera. Celui-ci, qui avait déjà organisé une armée de quarante mille braves dévoués à la légitimité, rejeta les propositions *d'Espartero*. Vous le savez, habitants de l'Europe, que le poison a joué le rôle destructif contre ce *vaillant guerrier*; que ce guerrier, forcé de voyager en litière d'une lieue à une autre pour se soustraire à la cruauté et à la tyrannie d'Espartero, a perdu une partie de ses forces morales. En effet, un malade n'a ni goût ni courage de faire la guerre en partisan, dont le chef doit être toujours en mouvement. Dans cet état, il est aisé de vaincre par la sédition l'homme le- plus dévoué à la cause. Il est de cet homme maladif comme d'une femme vertueuse, qui, en plusieurs circonstances a rejeté les plus grandes protestations d'estime et *d'intérêt;* mais l'assiduité de la personne achève de la décider à accepter les charmes des premières promesses. Je comprends que la fanfaronnade d'Espartero, de diriger toute son armée *sur des chemises pratiquées à diverses tours de l'Aragon, avec un matériel de 50 à 80 bouches à feu,* n'annonce ni courage, ni habileté ; mais bien tout autre chose que le temps éclaicira : je désire me tromper.

Si les leçons tirées de l'exemple des événements obtiennent l'influence dont elles sont susceptibles, vous rentrerez dans la classe des hommes vertueux qui n'aspirent seulement qu'à la paix, qui doit être le premier mobile des souverains. Je demande votre indulgence.